新潮新書

福田 充
FUKUDA Mitsuru

新版

メディアとテロリズム

JN018375

1013

新潮社

新版 メディアとテロリズム ● 目次

序　章　安倍元首相銃撃事件がもたらしたテロリズム新時代

要人暗殺テロの復活～安倍元首相銃撃事件

二〇二二年七月八日、奈良県奈良市の近鉄大和西大寺駅の駅前で参議院選挙の応援演説を行っていた安倍晋三元首相が、大勢の聴衆の前で、そしてテレビカメラの前で銃撃され死亡した。その様子はテレビカメラマンや新聞記者のカメラに撮影され、テレビやネットを通じてリアルタイムで世界に報道された。同時に大勢の聴衆がかまえたスマホの写真によって、そして動画によって撮影され、SNSを通じて世界に拡散された。

アジア唯一のG7メンバーである日本という民主主義国家において、元首相が聴衆の面前で殺害されるというショッキングな事件は、世界中で報道されインパクトを与えた。その日からこの事件は日本のテレビや新聞、ネットなどメディア報道で連日カバーされ、数か月にわたってニュースやワイドショーはこの事件の報道でジャックされるというメディアスクラム（集団的過熱報道）と呼べる現象が発生した。

筆者は事件当日の七月八日から、危機管理の専門家、テロ対策の研究者として世界各国のメディアから取材を受けた。安倍元首相が銃撃された当日には、新聞やテレビなど八社からの取材を受けたが、まず最初の質問のほとんどは、現場の写真を見て、この容疑者が持っている凶器は何か、ということであった。新聞社がメールで送ってきた画像は、現場の記者が撮影した、容疑者の持っていた凶器が拡大された写真であった。

筆者はその画像を見たとき、直感的にこれは手作りの散弾銃だと考えた。筆者は若いころからモデルガンやサバイバル・ゲームを趣味としていて、危機管理学、安全保障の研究の傍ら、こうした銃器についても趣味と実益を兼ねて関わってきた。画像を見てわかったのは、金属の筒を二つ黒いガムテープで巻き、トリガーと発火装置を付けた原始的な構造である。この金属筒の太さを考えると、発射する銃弾はカプセルで作製した薬莢の中にパチンコ玉のような金属球を五発から七発程度入れたものであり、これを黒色火薬で爆発させて金属球を散弾させる構造であると解釈した。

一つの金属筒から一発ずつしか発射できない構造で、撃てたのは二発まででではないか。その日の新聞社やテレビ局の取材にはそのように答えた。その解釈は様々なメディアで報道されたが、その後、事件の捜査の過程で明らかになった容疑者の凶器、武器の構造は筆者が画像から分析した構造とほとんど一致した。

事件の翌日以降、メディア報道の焦点は、手製銃がどのように製造されたのか、材料の購入方法とその規制に移行した。元首相を暗殺できるだけの武器は、本当に市販の材料で手作りできるのか、そんなリスクが日本社会にあるのかという不安を市民に掻き立てた。現在の日本社会では、この手製銃の材料である金属筒や鉄パイプはホームセンターで普通に購入できる。パチンコ玉のような鉄球も、発火装置の配線も、簡単に手に入る。黒色火薬も市販されている薬剤で調剤可能であり、大量の花火の火薬をほぐして使用することもできる。

しかしながら、こうした日常品の購入規制はコストもかかり困難であり、強力な監視社会をもたらす。容疑者が手製銃の製作のために参考にしたインターネットのサイトや、動画サイトに対する削除要請などの規制は重要な課題であるが、これも毎日のように世界中でアップされては削除されるといういたちごっこの状況である。

さらにメディアの話題は、安倍元首相を守れなかった要人警護、当日の警備体制の問題に移行した。筆者は事件後、奈良市の事件現場で現地調査を実施した。そこで感じたのは、なぜこのような危険な場所で安倍元首相に応援演説をさせたのかという疑問である。明らかに演説場所選定の失敗と、警備計画の失敗が重なった結果である。

事件現場は、奈良市の近鉄大和西大寺駅前のロータリーの一角の、ガードレールで囲まれたデッドスペースである。そこは四方を道路に囲まれていて、車が行き来する。とくに背後はバス乗り場になっており、容疑者はそのバス乗り場付近から歩き、死角になっていた背後から近づいて銃撃した。この演説場所のデッドスペースは高さもなく、四方八方から取り囲めてどこからでも銃撃でき、反対にガードレールに取り囲まれているため、中に入っている政治家や警官、ＳＰは自由に身動きができない。

そんな現場でこの銃撃事件は発生し、そして容疑者の犯行は成功した。これは明らかに警察庁と奈良県警の要人警護、警備体制のミスであり、警察の責任は免れない。その結果、事後調査報告書の発表と同時に、当時の警察庁長官と奈良県警本部長は責任を取って辞任した。その報告書において警察庁は、『警護要則』の見直しと、要人警護の計画、運用の徹底的な改善を発表した。しかしながらそれらの改善の姿勢は、単なる口約束で全く現場レベルでは実践されていなかったことが、翌年の岸田文雄首相襲撃事件で明らかとなる。

この安倍元首相銃撃事件で重要なのは、これまで戦後長く発生しなかった要人暗殺テ

写真１　安倍元首相銃撃事件現場

写真２　近鉄大和西大寺駅前
（２枚とも筆者撮影）

ロが日本で復活したということである。本書で後述するように、日本では歴史的に戦国時代から江戸時代、幕末においても要人暗殺は繰り返されてきたし、明治維新後の近代化の過程においても明治、大正、昭和の戦前まで日本の首相経験者は数多く襲撃されてきた。しかしながら、太平洋戦争に敗北後、ＧＨＱの支配から民主化を遂げた戦後日本の民主主義社会において、首相クラスの要人暗殺テロは発生しなくなっていた。ここで強調したいのは、「要人暗殺テロ」が日本において復活する可能性がある、ということである。

それは同時に、治安大国日本という幻想が崩壊することを意味している。もはや「日本は治安のよい安全な国」という幻想は過去のものとなった。それは政府や警察などの国家権力と一般市民のレベルで過去に共有されていた淡い共同幻想に過ぎなかった。その共同幻想を破壊したのは、治安のよさに長年胡坐をかいてきた日本の要人警護体制の甘さであり、ネットの情報や便利な商品サービス、技術の進化で、誰でも手製銃や手製爆弾を気軽に簡単に作れる社会環境の誕生であり、安易に（見えるレベルの動機で）首相などの要人を暗殺しようと考える抑圧された個人の誕生である。要人暗殺を復活させる社会環境の条件は整ったのである。

テロリズムは社会を覆う空気、大衆心理、世論の中から生まれる。かつて日本では、数多くの要人暗殺テロが歴史的に繰り返されてきた。日本ではテロが少ない、要人暗殺テロがあまり起きない、というのは戦後の日本人の誤った認識である。そのことは後の章で詳細に検討したい。

繰り返された要人暗殺テロ未遂～岸田首相襲撃事件

そして筆者が恐れていたことが現実となった。その翌年二〇二三年四月一五日、統一地方選挙と同時に実施される衆議院補欠選挙の応援演説のために和歌山県和歌山市雑賀崎漁港を訪れていた岸田文雄首相が、手製爆弾によって狙われる事件が発生した。岸田首相襲撃事件である。

岸田首相は雑賀崎漁港でとれた魚の刺身を堪能したあと、応援演説会場に入り、演説を始める前のタイミングで、聴衆の中から爆弾が投げ込まれた。爆弾を投げたのは、兵庫県川西市から当日現場にやってきた二四歳の男性、木村隆二容疑者であった。この爆弾も手製であった。爆弾が投げ込まれた後、それに気づいたＳＰが岸田首相を逃がし、その約五〇秒後に爆弾は爆発したが、その爆弾は破裂することなく、ミサイルのように煙を噴射して飛び、六〇メートル先の倉庫の壁に当たり穴をあけた。鉄パイプを使い中に火薬を詰めた手製爆弾の出来が悪く、爆発に五〇秒かかったおかげで、首相を無事に逃がすことができ、さらに現場で大きな爆発を引き起こすことなく、聴衆に犠牲者を出さずに済んだことは、不幸中の幸いである。

木村容疑者がなぜ岸田首相を狙ったのか。自宅に引きこもりがちであった容疑者が、政治を志すようになり、政治家になるために選挙に立候補したいと、ある議員に相談したが果たせず、恨みを持ったという取材や一部の供述も報道された。この岸田首相襲撃事件の当日から、またメディアスクラムは発生した。連日、テレビや新聞はこの事件を報道し、社会は過熱した。その報道のパターンは、やはり一年前の安倍元首相銃撃事件と同様であった。

筆者にも事件当日からテレビや新聞の取材は殺到し、一番多い日で、一五件以上の取材が集中した。日本国内のテレビ局や新聞社、通信社だけでなく、ロイターやCNNなど国際ニュースメディアからの取材も受けた。メディアが報道したのはやはり、木村容疑者が作った手製爆弾について、そしてその材料の購入の規制について、選挙期間中の要人警護、警備体制の問題についてであった。要人暗殺テロが発生したときの、メディア報道はすでにパターン化しつつある。要人暗殺テロの本質、根源的な問題に迫るものでは決してなかった。

筆者は事件後、五月に入ってから、和歌山市雑賀崎漁港を訪問して事件現場を調査し、漁協関係者や事件当日現場にいた漁師の皆さんにインタビュー、ヒアリング調査を実施した。そこで数多くの関係者からたくさんの貴重な情報を得ることができた。

雑賀崎漁港に選挙中に岸田首相が来ることになった経緯、その情報がいつどの段階で漁協と地元住民に伝えられたか、漁協が警備のために和歌山県警とどのような協議を行ったか、そして実際に漁協は応援演説を開催するためにどのような協力を行い、準備をしたか、その結果、事件当日何が起こったか。

漁師たちの本心

木村容疑者を現場で取り押さえた漁師の男性の一人は、事件発生後現場のテレビ局や新聞社の記者に取り囲まれ取材が殺到した。その結果、容疑者を取り押さえた漁師の男性たちは、マスコミが待ち構えている自宅に帰ることを断念し、和歌山市内のホテルなどに宿泊し、その後数日間を過ごしたという。

容疑者を取り押さえた地元のヒーローとして、テレビのニュース番組、ワイドショーや、週刊誌やタブロイド紙はその漁師の男性たちを自宅に漁港に追い続け、インタビューや日常生活を視聴者や読者などオーディエンスに伝え続けた。

「自分たちはただの漁師で、これまでこの静かな漁港に首相のような偉い人たちが来たことなど一度もない。今回の選挙の応援演説も自分たちが頼んだことではなくて、天から降ってわいたことだ。そんな港でこんな大事件が起きてしまった。この事件が首相を狙ったテロかどうかなんて自分たちにはどうでもいい。自分は目の前で起きたことに咄嗟に反応しただけだ。ただそれだけなのに、その日から生活が変わってしまった。テレビカメラに追い回されて、いろんなところから野次馬や見物客がやってきて。事件の捜査のために漁港は一時閉鎖されて、何日も、自分たちは漁に出られなくなった。漁に出られなかったら自分たちはおまんまの食い上げだ。その間の生活の保障は誰がしてくれるのか。自分たちは注目されて英雄扱いされているように思われているかもしれないが、自分たちこそ事件の被害者だ。そのことをテレビも新聞も誰も報道してくれない。記者さんが聞きたいことだけ聞いてきて、マスコミにとって都合のいいことばかり切り取って報道する」

写真３　雑賀崎漁協の漁師の皆さん

写真４　岸田首相襲撃事件現場
（２枚とも筆者撮影）

これが岸田首相襲撃事件を経験した地元の漁師の方々に残った本音なのだ。

「テレビや新聞の取材はつくづく嫌になった。あんたが記者さんじゃないと言ったから今日は皆話をしたが、大学の先生のような偉い人なんだったら、自分たち田舎の漁師たちが思っている本音を社会に伝えてほしい。自分たちにはそれを伝える方法がないから。自分たちの本当に思っていることを伝えてほしい」

これらの事件はテロリズムか?

この漁港の漁師たちのメッセージは、本書のテーマ『メディアとテロリズム』の問題と深く繋がっている。この漁師たちの思いに応えるためには、なぜメディアはテロリズムの報道に過熱するのか、なぜ市民らオーディエンスはテロリズムに魅せられるのか、テロリズムはなぜ要人を狙い、メディアを利用するのか、メディアとテロリズムの関係を考察しなくてはならない。これは長い間、世界中の国々で議論され、研究されてきた重要なテーマであった。それを問い直したのが本書である。

このテーマを解き明かすために、まず考えねばならないのは、「テロリズムとは何か?」という問いである。後の章で詳しく考察するが、旧来の研究におけるテロリズムの定義とは次のようなものであった。

「テロリズムとは、政治的な目的をもって、爆弾事件や殺人事件を起こすことで世界から注目を集め、またメディアによって報道されることで、自分たちの主義主張のメッセージを世界に宣伝（プロパガンダ）することにより、自分たちの政治的目的を達成し、社会に不安や混乱をもたらすことを目的とした暴力的行為である」

ここで、かつてテロリズムとその他の一般犯罪を分けるものは、「政治的な目的性」という条件であった。政治的な目的を持つ暴力はテロリズムであり、政治的な目的を持たない暴力は一般犯罪という区別が過去においては一般的であった。

しかしながら時を経て、テロリズム研究が蓄積されるなかで、現代的なテロリズムの定義には、政治的な目的性は重要視されなくなった。現代的なテロリズムの定義では、「暴力を用いることで社会に恐怖や不安を与え、それによって社会的制度や文化に影響を及ぼし、政治的な変革がもたらされること」とみなされるようになった。つまり、動機や目的の政治性ではなく、その暴力行為の結果において政治的効果や政治的影響が社会にもたらされることを重視するアプローチが主流となっている。

そういう現代のテロリズム研究の状況においては、安倍元首相銃撃事件も、岸田首相襲撃事件も、実行犯の動機、目的に政治性があったかどうかは別にして、結果的に社会に大きな政治的影響をもたらしたという点で、テロリズムと呼ぶことができる。首相、元首相が襲撃されたという意味で、これらは「要人暗殺テロ」と分類することができる。

ローン・オフェンダーの時代

一方で、世界的な視野でテロリズムの状況を振り返っておこう。世界中でイスラム国の影響を受けた若者たちがテロリズムを実行していた二〇一〇年代においては、二〇一三年のボストン・マラソン爆弾テロ事件や二〇一七年のアリアナ・グランデのコンサートが標的となったマンチェスター爆弾テロ事件などの事例が示すように、当時の現代的テロリズムの特徴は、①無差別テロ、②ソフトターゲット、③ホームグロウン・テロ、④ローンウルフ・テロの四つであった。

二〇一三年の四月一五日、マサチューセッツ州でパトリオット・デイに発生したボストン・マラソン爆弾テロ事件は、チェチェン紛争を逃れてロシアのダゲスタン共和国からアメリカのボストンに移り住んだ両親に育てられたツァルナエフ兄弟が起こした無差別テロ事件であった。ターゲットとなったのは、世界最大級のスポーツイベントであり、テレビなどのメディアを通じて世界に生中継されていたボストン・マラソンであった。これは世界最大規模のマラソン大会というソフトターゲットを標的とした無差別テロである。

また二〇一七年五月二二日、アメリカ人アーティストのアリアナ・グランデがイギリスのマンチェスターで行なったコンサート終了後にその会場で爆弾が爆発し、五九人以上が負傷した。アリアナ・グランデのファンである八歳の少女を含む二二人の観客が爆弾により死亡した。これもアーティストのコンサートというソフトターゲットを標的とした無差別テロであった。実行犯はイスラム教徒の二二歳のリビア系イギリス人男性であった。つまり、その実行犯はそのテロ事件を起こしたイギリスで生まれ育った同国人であるホームグロウンであり、またテロ組織に所属しない個人であるローンウルフであったといえる。実行犯は、手製爆弾で自爆して死亡した。

先述した現代テロリズムの四つの特徴であるが、①無差別テロとは、かつての古典的な要人暗殺テロのように国王や大統領のような権力者をターゲットにしたテロリズムではなく、無差別に一般市民を標的としたテロリズムである。かつて一般的で主流であった要人暗殺テロが少なくなった原因は、大統領や首相などの国家、国民のリーダーである権力者をテロなどの暴力から守るために、要人警護が強化されたことである。現代の先進国においては、要人警護が極めて厳重なため、テロリストが要人を攻撃することは非常に困難となり、その結果、テロリストやテロ組織は、一般市民を無差別に標的とするようになった。

また、無差別テロが主流になったもうひとつの原因は、近代的な民主主義社会において、市民ひとりひとりの命の価値が高まったため、市民を攻撃したり、人質にとったりすることでも、十分に政府と交渉ができるようになり、また社会にインパクトを与えることが可能となったためである。

そして次の特徴である②ソフトターゲットとは、（1）メディアイベント、（2）ランドマーク、（3）公共施設・公共機関が含まれる。かつてのテロリズムは、政府機関そのものや軍隊、警察などのハードターゲットが直接狙われていたが、そうした標的も警備が強化され、作戦の実行が困難となったため、一般市民がたくさん参加する、集結するソフトターゲットが狙われるようになった。

例えば、（1）メディアイベントとは、世界から要人やメディアが集結するG7などのようなサミット、世界から要人やアスリート、観客、メディアが集結するオリンピックやワールドカップなどを指す。一九七二年のミュンヘンオリンピックにおける「黒い九月」（ブラック・セプテンバー）によるイスラエル選手団の人質テロである「黒い九月事件」のように、オリンピックはこれまでも繰り返しテロリズムの標的となってきた。

続いて（2）ランドマークとは、その国の文化や伝統を象徴する施設や観光地のことである。二〇〇一年アメリカ同時多発テロ事件においては、アメリカの世界経済の象徴であるワールド・トレード・センター・ビルがハイジャックされた旅客機によって攻撃された。このアルカイダによる犯行の計画段階では、アメリカの民主主義の象徴である自由の女神も攻撃の対象となっていた。またアフガニスタンのタリバンは仏教文化の象徴であったバーミヤン大仏を破壊して、その映像を公開した。このように、現代のテロリズムにおいては、メディアで報道されたときのインパクトを重視して、そのスペクタクルを最大化するために、ランドマークをターゲットにするのである。

さらに（3）公共施設・公共機関とは、テロリストが潜伏しやすく、また一般市民の不特定多数が集まる駅や鉄道、スポーツスタジアムやコンサート会場、ショッピングモール、レストランなどを指す。ここでも一般市民がテロリズムの標的となる。

現代テロリズムの三つ目の特徴は、③ホームグロウン・テロである。かつての国際テロリズムでは、古くは日本赤軍によるテロにおいても、アルカイダによるテロでも、国外から標的となる国に入国して潜伏した国外の勢力によってテロリズムが実行されるケースが目立ったが、国際テロリズムを抑止するために、出入国管理などの水際対策が強化され、テロリストの侵入監視が強化されたことにより、そうした国外のテロ組織、テロリストがターゲットとする国に侵入することが困難になった。そのためイスラム国がとった方策は、動画サイトやSNSを通じてプロパガンダを実行し、世界中の若者を洗脳してそれぞれの国でテロリズムを実行させるというものであった。このように、自分が生まれ育った国においてテロリズムを実行する現象をホームグロウン・テロと呼ぶ。国際的な移動が必要でないため、出入国管理などの対テロ水際対策が強化されても、テロリズムを実行することが可能となった。

そして最後の特徴が④ローンウルフ・テロである。かつてのテロリズムはブラック・セプテンバーでも、西ドイツ赤軍やイタリアの赤い旅団などの左翼ゲリラでも、アルカイダやタリバンのようなイスラム原理主義テロ組織であっても、社会運動としてのテロリズムは組織が基盤であったが、テロ対策における監視カメラの強化や、電話やメールなどの通信傍受によって、移動やコミュニケーションを伴う組織的な活動は事前に警察によって察知される可能性が高まった。そうした警察のテロ対策の監視網を潜り抜けるため、テロリズムは組織によるものから、一匹オオカミである個人が実行するローンウルフ型に変容し、それにより成功率が高まったのである。

現代テロリズムの主流は、ホームグロウンのローンウルフによる攻撃である。安倍元首相銃撃事件も、岸田首相襲撃事件も、実行犯は日本で生まれ育ったホームグロウンであり、たった一人で実行したローンウルフである。そして、そのローンウルフは、現在、「ローン・オフェンダー」と呼ばれるようになった。たった一人でテロを計画して実行する「ローン・オフェンダー」という概念が日本社会で使用され、定着するきっかけとなったのは、この二つの要人暗殺テロであった。

テロリズムとメディアの問題

アリアナ・グランデのコンサート会場を狙った、マンチェスター爆弾テロ事件は、現代のテロリズムの特徴である、①無差別テロ、②ソフトターゲット、③ホームグロウン、④ローンウルフ、ローン・オフェンダーという四つの項目をすべて満たす現代的なテロリズムであった。そのマンチェスター爆弾テロ事件ののちに、イスラム国はこのテロリズムに便乗して犯行声明を発表した。

「神の恩恵とお支えを得て、イギリスの街（マンチェスター）において、カリフ国の兵士のひとりが十字軍兵士たちの集団の中心部に爆弾をしかけることに成功した。これは神の宗教のための復讐であり、多神教徒たちを恐怖におののかせるためであり、イスラム教徒たちの土地における彼らの罪への報復である。爆弾は恥知らずな祝宴のための建物（アリーナ）で爆発し、約三〇人の十字軍兵士を殺害、約七〇人を負傷させた。神のお許しのもとに、十字架の信奉者たちとその同盟者たちに次におこることは、より苛烈で、より甚大な被害を与えるものとなるだろう。全ての祝福は創造主たる神に属する」

このイスラム国のメッセージは、世界各国のテレビや新聞社で報道され、イスラム国は自分たちの主張を世界に宣伝することに成功した。この実行犯はイスラム国の思想、活動のシンパであったことが明らかになっている。イスラム国の思想や活動の影響を受けて、母国イギリスでこのテロ事件を起こしたと考えられるが、直接のイスラム国のメンバーではなかった。当時のイスラム国は、自分たちの組織のメンバーではない、各国の若者がテロ事件を起こすたびに、その事件に便乗してメッセージを発表していたのである。

このマンチェスター爆弾テロ事件に寄せたイスラム国の犯行声明は、若い女性アーティストが肌を見せて歌い踊る姿を数多くの観客が楽しむコンサートを「恥知らずな祝宴」と呼び、非難している。それは十字軍兵士たち（キリスト教徒）の行動であり、イスラム教徒たちはそれを許さない、というメッセージである。これが「イスラム原理主義」組織の主張である。

このように、テロリストやテロ組織は自分たちの政治的主張を世界に宣伝（プロパガンダ）するために事件を起こしてメディアを利用する。これがテロリズムという現象である。

これは、安倍元首相を殺害した山上徹也被告も同じである。山上被告は自分の母親から多額の現金をむしりとり、一家を離散させ、自分の人生を台無しにした、旧統一教会（世界平和統一家庭連合）の、信者に対する違法なレベルの集金の実態を世の中に知らしめるために、その旧統一教会とつながりがあると山上被告自身が判断した安倍元首相を殺すという大事件を起こした。社会から注目を集め、メディアによって報道されることにより、自分の窮状を社会に知らしめ、社会から同情を集めることで、旧統一教会の問題にフォーカスがあたるように仕向けた。それが、山上被告が安倍元首相を暗殺した動機であると考えられている。

事件後、テレビや新聞、ネットなどのメディアは、その後、山上被告の家族が経験した旧統一教会とのトラブルを連日報道し、その後、国会でも旧統一教会問題が議論され、宗教二世問題もクローズアップされることで、旧統一教会などのカルト宗教対策が重要議題化した。これこそが、山上被告が安倍元首相を銃撃するテロリズムを起こした目的である。こうした旧統一教会の社会問題化は、山上被告が望み、仕組んだものであった。メディア報道は、山上被告の捜査過程での供述によってコントロールされ、山上被告のテロリズムの目的達成に結果的に加担したのである。

これを、「メディアとテロリズムの共生関係」と呼ぶ。メディアは山上被告の思惑に加担しようと思わなくても、ジャーナリズムのその社会的使命として事件の背景を徹底的に取材して詳細に報道する。それによって山上被告が旧統一教会によってどんなに悲惨な人生を送ったか、その実態をメディアのオーディエンスに伝える重要な役割を果たす。その結果、多くの市民が山上被告に同情して、山上被告の減刑を訴える署名活動に大量の市民が賛同し、多額の支援金が集まった。これは、大義名分があれば、または追い詰められた個人であれば、暴力を用いて人を殺しても、情状酌量されるという日本的な伝統文化と深く繋がっている。安倍元首相を批判し続けてきた、「リベラル派」を自称する文化人たちの中にも、安倍元首相を批判する文脈で、この暗殺を正当化し、山上被告の行動を称賛するものも出て、大きな批判が生まれた。

このようにテロリズムとは、社会や市民を巻き込んだ「劇場型犯罪」であり、テロリストが自分たちの政治的目的を達成するために実行する政治的コミュニケーションとみなすことができる。

本書は、筆者がアメリカのコロンビア大学「ザルツマン戦争と平和研究所」の客員研究員としてニューヨークに留学していた二〇〇九年に刊行されたものである。このアメリカの地で研究した「メディアとテロリズム」の関係について、二〇〇一年のアメリカ同時多発テロ事件が発生したニューヨークで、ブッシュ大統領の八年間を終え、民主党のバラク・オバマ候補と共和党のジョン・マケイン候補が大統領選挙を戦っている最中に執筆した書である。

しかしながら一〇年以上が経過した現在でも、このテロリズムとメディア報道の問題は全く解決していない。それどころか、日本においてはますますこの問題は深刻化している。二〇二二年の安倍元首相銃撃事件と、二〇二三年の岸田首相襲撃事件を受けた現在の日本において、この「メディアとテロリズム」の問題を再び問うべく、序章と終章を追加する形で、新版として再構成することとした。

（序章、終章は書下ろし。第一章〜第八章は二〇〇九年版の序章〜第七章に当たります）

第一章「撃つなアブドゥル！　まだゴールデンタイムじゃない！」

インディアン・ムジャヒディンの犯行声明

「アラーの名の下に、これから再び攻撃する。できるなら止めてみろ」

「イスラム教徒のための復讐として九つの爆弾を仕掛けた」

「これは国中にあるイスラム教徒への不公平と抑圧が招いた悲惨な結果である」

「首都ニューデリーに続く標的は商都ムンバイである」


これは、二〇〇八年にイスラム過激派組織の「インディアン・ムジャヒディン（IM）」が、連続爆破テロ事件において出した犯行声明である。「死のメッセージ」、「アラーと戦うもの全てに対する敵対宣言」と題されたこの犯行声明は、インディアン・ムジャヒディンによって複数の電子メールで地元報道機関に送られたものの一部が抜粋、編集されたものである。その報道機関によるニュースとして、世界のテレビや新聞などメディアを通じて、世界に向けてこのメッセージは発信され、世界中の人々がこのメッセージを目にした。これはイスラム教過激派による、インド政府やインド国民に対する宣戦布告であり、テロリズムの挑戦状である。

二〇〇八年九月一三日、インドの首都ニューデリーの午後六時、買い物客で活気溢れる市場で連続爆破テロ事件が発生し、死者は二一人、負傷者は一〇〇人を超えた。ニューデリーで生活する一般市民を標的にした無差別テロである。

この事件の二か月前、同じくインドの都市アーメダバードで七月に発生した連続爆弾テロ事件において逮捕された容疑者の一人が、このニューデリー連続爆破テロ事件について供述の中で予告していたことがその後の警察当局による発表で判明した。九月のテロを予告していたこの容疑者は、非合法組織「インド学生イスラム運動（ＳＩＭＩ）」のメンバーであったと伝えられている。その供述によれば、インド主要都市における一連の連続爆弾テロ計画はテロを実行する地名の頭文字をとって「ＢＡＤ作戦」と名づけられ、七月に連続爆弾テロが続いたバンガロール（Ｂ）、アーメダバード（Ａ）に続いて、九月のデリー（Ｄ）で作戦が終わると供述していたという。現代の平穏な日本から見れば、まるでドラマの中の出来事のようである。しかし、これが現代におけるテロリズムの現実なのである。

予告通りに発生したムンバイ同時多発テロ事件

先のインディアン・ムジャヒディンによる犯行予告と符合するように、二〇〇八年一一月二六日夜、インドの商都ムンバイで同時多発テロ事件が発生した。やはり、あの予告は真実だったのである。

二六人を超える武装グループがムンバイ市内の駅や空港などを襲撃し、乗降客に無差別に銃を乱射、手投げ弾を投げつけるなど、市内各所で爆弾テロを実行した。続いてユダヤ教関連施設を襲いユダヤ人を人質に取った。さらには外国人客が利用する高級ホテルのタージマハール・ホテルや、トライデント・ホテルなどを襲撃し、人質をとって立てこもった。それらホテルには、日本人をはじめ欧米人など合わせて数百人規模の人質が残されていたのである。このテロで日本人も二名が死傷している。

「われわれはインドで拘束されているムジャヒディン（イスラム戦士）の解放を求める。人質の解放はその後だ。このテロはインドにいるイスラム教徒の迫害への報復である」

この事件の翌日、ホテルを占拠する武装グループ「デカン・ムジャヒディン」から地元テレビ局に送られてきたのがこのメッセージである。世界中のメディアがこのテロ事件を報道した。アメリカのCNNは二四時間体制で数日間にわたり、このテロ事件を追い続けた。ホテルの人質は無事に解放されるのか、インド軍や警察は犯行グループを捕らえることができるのか。メディアを通じて世界がこのムンバイに注目し、このテロをリアルタイムで経験した。テレビだけでなく新聞や雑誌、インターネットを通じて、世界中のオーディエンスがこのテロ事件の映像を目の当たりにし、このメッセージを読んだのである。これによって、世界中の人々がテロに対する恐怖や不安を感じ、そしてこのイスラム教徒に対するイメージを膨らませていった。

この犯行グループの一名が逮捕され、それ以外の全員が射殺されたことによって、この世界が注目したテロ事件は終結した。事件はひとまず解決したが、このテロはテロリストにとっては失敗ではない。商業都市ムンバイにはインドのテレビや新聞が集中し、さらに世界中からの観光客、ビジネスマン、外交官などが集結している。ここを襲撃したことにより、メディアが注目し、彼らのメッセージとそのインパクトは世界に発信されたのである。これは、犯行グループが目論んだとおりのテロリズムの効果である。

歴史学者J・ボウヤー・ベルのアイロニー

これらのテロリストによるメッセージは、テロ事件を予告するもの、またはテロ事件の犯行声明として、世界中のメディアで報道され、世界にテロリズムの意図や目標を宣伝するための機能を果たしている。このようにテロリズムとは、世界の注目を集めるために事件を起こし、それを報道するテレビや新聞、雑誌、インターネットなどさまざまなメディアを通じて、自分たちの犯行声明やメッセージを報道させることによって、社会に対して不安や恐怖を与え、そして自分たちの主張の正当性を訴え、闘争を継続させて勝利をつかむために行われる一連のプロセスであるといえる。

私たちはこれらのテロリズムの現状を多くの場合、一般的にメディアを通じて知る以外に方法はない。そして、メディアはテロ事件が発生すればその事件を報道し、犯行声明が出されれば、犯行組織の実態をつかむために詳細を報道しようとする。それはメディアの社会的使命であり、ジャーナリズムの使命である。そのことを、テロリストは十分把握した上で、戦略的に利用するのである。そして、そのことは最近始まった現象ではない。すでに一九七〇年代において、この問題は指摘されていた。テロリストは自分たちが起こしたテロ事件が最大限の効果を発揮するために、いかにしてメディアを利用するかを、そのテロ事件計画の中に組み込んでいる。この章のタイトルでも使われている次の表現は、J・ボウヤー・ベルがその評論活動の中で使った表現である。

「撃つなアブドゥル！　まだゴールデンタイムじゃない！」

J・ボウヤー・ベルはアメリカの歴史学者で、テロリズムの問題を長年研究した。これはテロ組織のリーダーがテレビニュースで放映される時間帯や視聴率を気にしながら、テロ作戦を実行している様子を揶揄して表現したものである。この言葉は「見せ場はテレビ中継のゴールデンタイムであって、その時間までは撃つな」というテロリストの仲間への指示である。このように、テロリストはメディア、マスコミを利用することの重要性を認識しているのである。

例えば、一九七五年のウィーンOPEC（石油輸出国機構）本部襲撃事件では、テロリストの「ジャッカル」はあえてテレビカメラとスタッフの到着を待ち、人質の石油相の存在をメディアにアピールした後に現場から逃亡した（ホフマン、一九九八：参考文献リスト参照、以下同）。一九七九年のイラン米大使館人質事件においては、大使館に多くのアメリカ人を人質に取った犯行グループが、世界から集結した現場のテレビカメラに向かって、テレビ中継の時間に合わせてパフォーマンスをしたことで知られている。アレックス・シュミッドによれば、大使館外でこのテロを支援したイスラム神学生たちも、テレビカメラの撮影に合わせて「カーター大統領に死を」と叫びながら、アメリカ国旗を燃やした。テレビカメラマンは「カット！」の合図を送ったという。このように、テロリズムの現場では、テロリストとメディアが互いに協力し合う場面が発生する。一体それはなぜなのだろうか。

このようなテロ事件が発生すれば、テレビや新聞などメディアはジャーナリズムの使命として報道せざるを得ない。そして、視聴者はメディアを通じてそのテロ事件に目を奪われる。その結果、テロリストが目論んだテロリズムのメッセージを世界に伝えることに成功するのである。そして同時に、一般市民である私たちは、無差別テロの被害者として、またはその事態をメディアを通じて傍観する視聴者＝オーディエンスとして、テロリストに利用されるのである。イギリスの首相であったマーガレット・サッチャーは、メディアを「テロリストやハイジャッカーにパブリシティの酸素を供給するもの」（「ニューヨーク・タイムズ」一九八五年六月一六日付）として批判している。

さらに私たち視聴者はテロに関しても、より面白い映像、衝撃的な事件を求めるようになる。より発行部数を増やすために、より視聴率をとるために、テロ事件の詳細やテロリストの犯行声明、その背景を、メディアは報道するようになる。そして、それに応えるかのようにテロリストが起こすテロ事件は規模を大きくしていく。視聴者から、メディアからより多くの注目を得るために、テロリストはその被害や回数の規模を拡大させる。そしてその結果、この悪循環がテロリズムを拡大させているのである。

テロリストとメディア、そしてオーディエンスという三者のアクターによってテロリズムが拡大していく悪循環＝負のスパイラルの問題をどうすれば解決できるのだろうか。この悪循環がテロリズムを拡大させているのであれば、テロリズムの時代を終焉させる鍵がこのシステムの中に潜んでいるかもしれない。本書では、このテロリズムとメディアの問題を、具体的事例を交えて歴史的に概観しながら、メディア理論、マスコミ理論や社会学、社会心理学的なアプローチを用いながら考察したい。

「テロの時代」はまだ続いている

テロリズムに悩まされる国家はインドだけではない。このムンバイ同時多発テロ事件の犯行グループとの背後関係を指摘されているテロ組織「ラシュカレトイバ」は、パキスタン軍統合情報部（ＩＳＩ）が一九八九年に設立した。このＩＳＩは長年、インドにおけるイスラム教徒のテロ事件に関与してきたと言われている。そのため、このムンバイ同時多発テロ事件をめぐって、一時はインドとパキスタンの間で戦争の危機まで発生した。しかし、このパキスタンでもテロ事件は頻発している。二〇〇八年九月二〇日、パキスタンの首都イスラマバードで「マリオット・ホテル」爆破テロ事件が発生したのは記憶に新しい。この米国系ホテルに、一トンを超える爆発物を積載したトラックが突入した自爆テロ事件で、五三人が死亡、二六六人が負傷した。さらに隣国のアフガニスタンでも、政府とタリバンの間のテロリズムと紛争は続いている。

このように世界中でテロ事件の規模が拡大していることを示すデータがある。東京海上日動リスクコンサルティング株式会社が行った調査によると、二〇〇一年の9・11テロ事件以降の二〇〇二年から二〇〇七年までの期間で、世界中で発生した一〇人以上の死者を出した大規模なテロ事件の件数は、年々増加しているという。**図表1**を見ると、二〇〇二年には三一件であった大規模テロ事件の件数が年々増加し、二〇〇七年の一年間では三二〇件にのぼっていることがわかる。

そしてさらに、そのテロ事件の件数を発生した国ごとで分析した結果が、**図表2**のグラフである。このグラフを見ると、二〇〇三年のイラク戦争以降、世界でもっとも大規

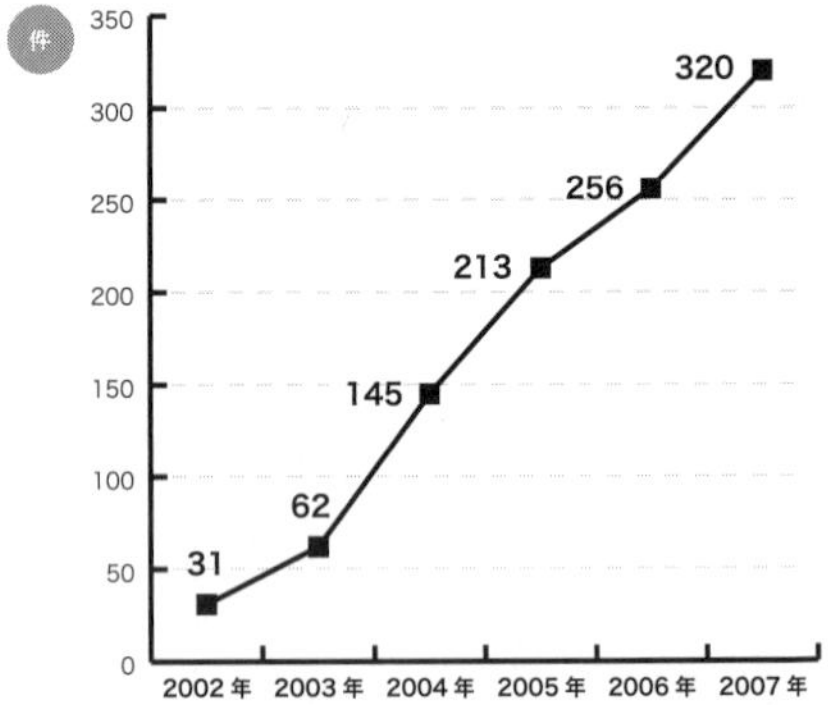

図表1　2002年以降の大規模テロ事件発生件数の推移
【東京海上日動リスクコンサルティング（株）のデータをもとに作成】

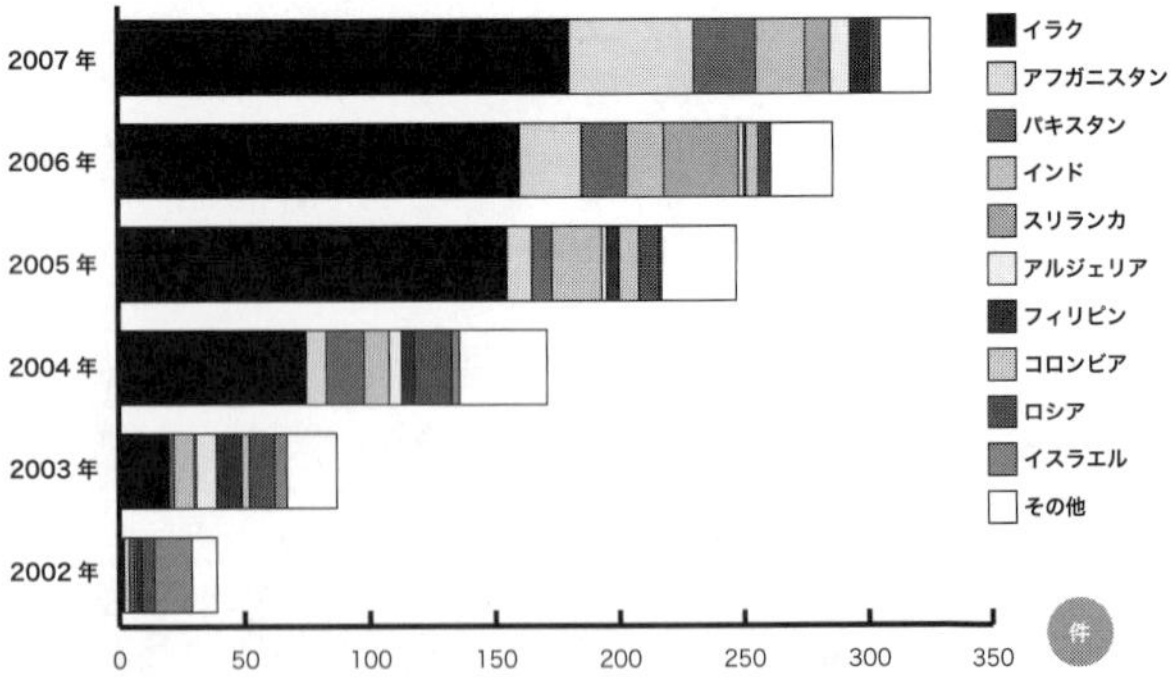

図表2　2002年以降の大規模テロ事件発生件数の国別推移
【東京海上日動リスクコンサルティング（株）のデータをもとに作成】

模テロ事件が発生しているのはやはりイラクである。それはメディア報道に毎日接していて経験的に納得できる。アメリカによる「対テロ戦争」の主戦場であったイラクにおいて、自爆テロなどのテロ事件が終息せず、泥沼化している現状がある。そして、同じくそのアメリカの「対テロ戦争」の次の舞台であるアフガニスタンや、パキスタン、そしてその隣国のインドにおいて、テロ事件が増加していることがこのグラフから明らかである。この世界のテロリズムの動向は、一国覇権主義を維持する超大国アメリカの安全保障政策に対する中東諸国、アジア諸国のひとつのリアクションである。

第二章　北京オリンピックは「テロの舞台」だった

雲南省バス爆破テロ事件～オリンピックもテロの標的となった

二〇〇八年八月、中華人民共和国の首都北京で開催された北京オリンピックは、中国の念願の五輪実現のため国家を挙げた一大プロジェクトであった。また、世界二〇四の国と地域から一万人を超えるアスリートが集結し、開会式は世界中のテレビによって生中継された。世界中から観光客だけでなく、テレビ局や新聞社などのメディアが北京に集結し、競って世界中のオーディエンスに対してオリンピックの情報を発信した。世界中の人々がこの八月の同じ時期、北京オリンピックの動向に注目したのである。その盛り上がりの規模からいっても、この北京オリンピックは近年まれに見るオリンピックとなった。しかし、その開会式の盛大さや各種競技の感動の裏には、さまざまなドラマがあった。この北京オリンピックというメディアイベントにもテロリズムの問題が影を落としていたのである。

オリンピックムードに沸く中国国内で、その事件は突然発生した。七月二一日朝、中国雲南省の昆明市二か所で路線バスの爆発が相次ぎ、男女計二人が死亡、一四人が負傷したのである。その爆発はバスの座席下にくくりつけられた時限爆弾によるもので、何者かによる爆弾テロ事件であった。北京オリンピックを八月にひかえた中国において発生したこのテロ事件は、オリンピックを前に集結していたメディアの報道を通じて世界中に衝撃を与えた。果たしてこのテロ事件の真相はいかなるもので、犯人は誰か、そして北京オリンピックはどうなるのか、世界が注目した。そして、北京だけでなく中国各地がテロリズムの標的となる不安に覆われたのである。この事件を契機に、中国当局はテロ対策の監視網をさらに強化することとなった。

TIP声明文「中国への戦争を宣言する」

「北京政府は、五輪開催の停止を求めるわが党の警告を無視した。われわれの目的は五輪関連の最も重要な施設を標的とすることだ。これまでにない新たな戦術で、中国中央部の数都市に対する攻撃を試みる」（セイフラ司令官）

「われわれは中国に宣戦布告した。（中略）中国による東トルキスタン（新疆ウイグル自

治区）の占領に反対する。中国が国際社会を欺いて五輪を主催することに反対する」
（マンスール幹部）

この声明文は、このバス連続爆破テロ事件に関して「トルキスタン・イスラム党（TIP）」がビデオで表明した犯行声明である（米国バージニア州のインテルセンター社発表：七月二五日）。「トルキスタン・イスラム党」は、新疆ウイグル自治区の中国からの分離独立を求める民族運動組織で、この一つ目の犯行声明は事件二日後の二三日付で、「雲南におけるわが聖なるジハード」と題されている（産経新聞、七月二六日付朝刊）。

また、二つ目の犯行声明は、八月一日に公表されたビデオによるメッセージで、このグループの宗教教育部門のアブドラ・マンスール幹部によるものである。このビデオでは、さらに五輪マークが燃やされ、競技場で爆発が起きる様子を映し出した映像表現があり、競技場の爆破テロを示唆していたという。彼らがこのテロ事件の犯人であるという証拠はない。しかしながら、この事件に関連してメッセージを発信すること自体がテロリズム的行為であるといえる。この「トルキスタン・イスラム党」とはどのようなグループなのだろうか。そして、彼らはなぜ「平和の祭典」であるはずのオリンピックを妨害する形で中国政府にテロリズムをしかけたのだろうか。

中国に併合された新疆ウイグル自治区では、少数の漢民族によって多数のウイグル人が政治的に抑圧された状態におかれている。イスラム教徒であるウイグル人は人種的にも宗教的にも言語的にも漢民族とは異なる歴史と文化を持つ。その新疆ウイグル自治区では、長い間民族自決を求める独立運動が弾圧され続け、その結果、地下組織的なテロリズムに変容してきた。例えば、アメリカと中国が共にテロ組織指定をしている「東トルキスタン・イスラム運動（ＥＴＩＭ）」がもっとも有名なグループである。このグループは九〇年代に新疆ウイグル自治区内で爆破テロ事件を繰り返してきたが、中国当局によるテロ組織指定によって徹底的に弾圧され、さらに二〇〇三年には最高指導者が射殺されたことによって、グループが複数に解体された。「トルキスタン・イスラム党」はその分派のひとつであるといわれている。他にも「東トルキスタン解放組織（ＥＴＬＯ）」などがある。

九〇年代からこの新疆ウイグル自治区は、独立運動がテロ化していたと述べたが、読者の皆さんはその事実をご存じだっただろうか。九〇年代から知っていた方は、国際問題やテロ問題に関心を持っている方か、もしくはきっと新聞記事の国際面のごく小さな記事まで読まれる方だと推察される。なぜなら、九〇年代まではこのようなテロ事件が中国で発生しても、日本のメディア、世界のメディアが注目し、それを大々的に報道することは少なかったからである。つまり、これまでこの新疆ウイグル自治区の独立闘争、テロ問題は世界のメディアから「見て見ぬふり」されてきたのである。

その結果、「トルキスタン・イスラム党」がとった戦略は、外国のメディアからの注目を集め、そしてこの闘争を有利に展開するために、「北京オリンピックを利用する」ことであった。この世界が注目するイベントである北京オリンピックを利用すれば、自分たちの独立闘争が世界から注目される、そのために彼らはビデオカメラを手にとり、犯行声明を撮影し、オリンピックの前にテロ事件を頻発させたのであった。そうすれば、彼らのメッセージはメディアを通じて世界中に伝えられる。彼らが自分たちのメディアを持っていなくても、世界中のメディアが代わりに自分たちのメッセージを報道してくれるのである。彼らはこのテロリズムとメディアの関係、そしてその効果を十分知っていたのである。

映画『ミュンヘン』

実は、オリンピックがテロリズムの標的となったのは、これが初めてではない。世界ではじめてオリンピックがテロ組織によって攻撃を受けたのは、一九七二年の西ドイツで開催されたミュンヘンオリンピックであった。世界のテロリズム史上、有名な「黒い九月事件」である。ここで、パレスチナ系テロ組織である「黒い九月」グループによって、イスラエル選手人質殺害事件が発生した。

その背景にあったのは世界的なメディアの進化である。一九七〇年代に入って、世界中で一般家庭にテレビが普及した。そしてさらに、人工衛星を利用した衛星放送が一般化し、テレビカメラの小型化とバッテリー式ミニカムの登場によって、テレビカメラを持って自由に移動することが可能になった。この三つの条件により、テレビのニュース番組は、世界各地から映像を届けることが可能となったのである。

このような時代背景のもと「黒い九月事件」が発生した。この事件の行方を、当時まだ新しく高価なメディアであったテレビを通じて、世界の約五〇〇〇万人が視聴したといわれる。この二つの現象のタイミングの一致は果たして偶然なのだろうか。

二〇〇五年にスティーブン・スピルバーグ監督による映画『ミュンヘン』が公開され、世界中でヒットして話題となったが、これは「黒い九月事件」が題材となっている。この映画は、作家ジョージ・ジョナスによるノンフィクション小説『標的《ターゲット》は11人——モサド暗殺チームの記録』（新潮社）が原作である。

一九七二年九月五日、ミュンヘンのオリンピック選手村にあるイスラエル選手宿舎に、「黒い九月」グループのメンバー八人が侵入し、イスラエル人選手とコーチの二人を殺害した上、九名のイスラエル人選手を人質に取り立てこもった。人質立てこもり型テロである。「黒い九月」グループは、イスラエルに収監されているパレスチナ人二三四人の解放を要求する犯行声明を発表した。つまり、この事件の背景にあったのは、イスラエル建国によって祖国を奪われたパレスチナ人による闘争、パレスチナ紛争である。当時の西ドイツ政府は対抗すべきテロ対策チームを持たず、テロ関連の法的整備もなかった。これに対し、イスラエルのゴルダ・メイヤー首相が犯行グループの要求を拒否したため、西ドイツ政府と「黒い九月」グループは交渉の結果、航空機を使ってカイロへ脱出することで合意した。しかしその空港で銃撃戦となり、九人の人質全員の命が奪われるという最悪の結果を迎えた。犯行グループも八人のうち五人が射殺され、三人が逮捕された。オリンピック開催中の異常事態に対して、世界中がメディア報道に固唾を飲んだ。これがこの歴史的テロ事件の「報道された」真相である。

なぜ、パレスチナ人は「黒い九月」グループを結成し、世界の平和の祭典を狙ったのだろうか。イスラエル政府を直接攻撃するのではなく、なぜ西ドイツのミュンヘンで開催されているオリンピックを標的とし、そしてイスラエル選手団という一般市民を人質に取り殺害するという手段を選んだのだろうか。テレビが飛躍的に進化したこの時期に、オリンピックを狙ったテロリズムが発生したことには、訳があった。「黒い九月」グループは、このテレビというメディアとオリンピックというメディアイベントの持つアピール力を、よく把握した上で利用したのである。このミュンヘンには、世界のメディアが集まり、世界中の人が注目している。ここで事件を起こせば、パレスチナ人がおかれている過酷な現状を、テレビを通じて世界に告発することができる。そしてイスラエルに収監されているパレスチナ人の仲間を解放することができる。これがテロリズムの論理である。つまり、テロ事件を通じて世界から注目を集め、メディアを通して自分たちのメッセージを世界に伝える「PR効果」と、敵対する国家や政府に対して自分たちの主張を受け入れさせる「政治的コミュニケーション」の側面である。

スピルバーグ監督は映画『ミュンヘン』の中で、イスラエル政府による報復作戦について描いている。イスラエル政府は、主人公「アヴナー」に対してテロ事件の首謀者とされる一一人の標的を暗殺する指令を下す。映画には、アメリカのテレビ局ＡＢＣによる実際のニュース映像が使われるなど、観客をその時代と空間に引き込むための工夫がちりばめられている。ハリウッド映画としての娯楽性と、イスラエル／パレスチナ問題という政治性との間で微妙なバランスをとりながら、映画における登場人物の発言や行動それ自体が、テロリズムとメディアの問題のリアリティを映し出している作品である。スピルバーグ監督がユダヤ人の悲劇を描いた作品『シンドラーのリスト』とは異なり、この『ミュンヘン』では、テロリズムという手段を選んだパレスチナグループと、それに対して徹底的な報復攻撃を行ったイスラエル政府に対してともに批判的なアプローチがとられている。エリック・バナ扮する主人公アヴナーは、「テロリストに報復するために殺人を繰り返す自分もテロリストなのではないか？」という疑問を抱く。スピルバーグ監督はテロリズム問題に対する負のスパイラルをどう解決すべきか、この同じテーマに答えを見いだしたかったのかもしれない。

民族解放運動～世界的イベントを狙うテロリズムの共通点

このようにテロリズムが世界的イベントを狙って発生することは、特に新しい現象ではなく、むしろ古くからあるテロリズムの本質に関わる現象であるということができる。

さらに、このミュンヘンオリンピックの「黒い九月事件」と、北京オリンピックでのテロ事件には、共通点がある。それはどちらも民族解放運動であるという点である。抑圧された弱い立場にある民族の独立運動、解放運動が過激化し、行き場を失って最終手段をとるというプロセスである。言論を奪われた、外部へのメッセージの発信が困難な状況にある社会的勢力が、その言論の場を暴力的に取り戻そうとする行動が、テロリズムであると考えることができる。

メディアが、そのテロリズムに注目し、世界にそのメッセージを広く伝える役割を果たしてしまう状況には、単に「テロ事件はドラマティックなスキャンダルであり、発行部数や視聴率につながる」という商売根性だけでなく、テロリズムが発生する「社会的背景を分析して問題を解決するための情報を提供する」という正義に基づいたジャーナリズムの使命がある。そのテロリストとメディアの思惑が結束するとき、テロリズムの効果は最大点に達する。その結果、世界中の人々が中国の国内でイスラム教徒であるウイグル人が抑圧されている状況にあることを知る。そのきっかけとなるのが現代のテロリズムである。

雲南省バス爆破テロ事件にもそれに先行する伏線が多数ある。一例を挙げると、中国の通信社である新華社電によれば、中国公安当局が七月八日、「漢族殺害を目指す『聖戦』の訓練を受けた」というウイグル人五人を射殺するという事件があった（読売新聞、七月一一日付朝刊）。五月に中国新疆ウイグル自治区の区都ウルムチ市で漢族傷害事件が発生したが、その容疑者が潜伏していたというアパートを中国武装警察が襲撃し、そこにいたウイグル人一五人のうち五人を射殺、その他が逮捕されたという。政府が先手を打った非常に大掛かりなテロ掃討作戦である。

北京オリンピックを目前に中国政府は、「新疆独立派」グループと見られるウイグル人を「テロ対策」の名目で徹底的に弾圧する治安対策を進めていた。この事件の翌日には、ウルムチ市公安局が警官に対し、「北京五輪の安全確保に向けた第二段階の総動員令」を出している。つまり、この「テロ対策」という名目や、「テロ組織」指定リストという制度は、方向性を間違えれば、少数民族弾圧の手段としても利用されることを、中国当局自体が示したのである。中国外務省の報道局長も、七月一〇日の記者会見において、「新疆には確実にテロ組織が存在し、テロに打撃を加える中国政府の態度は揺るがないことを強調したい」と述べている。テロリストを殺害して先手をとるだけでなく、ウイグル人＝テロリストというラベリングのためにメディアを動員するというPR作戦でも中国当局は先手を打ったのである。ここに、国家とテロリズムの間の主導権争いの構造が見て取れる。

その後、雲南省の爆破テロ事件が発生したが、以後もテロ事件は続発した。北京オリンピックまであとわずかとなった八月四日には、新疆ウイグル自治区カシュガルの国境警備を担当する武装警察の詰め所で爆弾テロ事件が発生し、警官一六人が死亡した。テロリズムとテロ対策の報復の連鎖の発生である。これが負のスパイラルを拡大させていく。さらに八月一〇日には、新疆ウイグル自治区クチャ県でも爆弾テロが発生している。

オリンピックを目前にした中国において、ここまで過激化した闘争が発生していたことは、当時の日本社会でどれくらい認知されていただろうか。日本の新聞各紙は国際面の端に小さな記事でときどき伝える程度であり、テレビニュースでは多くは伝えられなかった。ましてや、アメリカのテレビ局や新聞社はほとんどこのニュースを伝えない。アメリカ国内ではニュースバリューがないからである。アメリカのメディアはチベット問題に対しては過剰に反応するが、なぜかウイグル人の問題に対しては黙殺する傾向がある。その理由は、二つ考えられる。一つは、アメリカのハリウッド映画で、ブラッド・ピット主演『セブン・イヤーズ・イン・チベット』の一九九七年のヒット以来、ハリウッドスターなどのセレブを中心にアメリカ社会の中でチベット問題が注目されたことが挙げられる。チベット問題はアメリカ国内で一時「流行」したのである。そして二つ目は、ウイグル人が、「テロとの戦い」の文脈の中でアメリカと敵対する勢力であるイスラム教徒だということである。実際、アメリカ政府は、チベット問題を「人権問題」と認識しているのに対して、このウイグル人による民族運動組織に対してはテロ組織による「テロ問題」として指定しているという実態がある。中国にとっては全く同じレベルにある少数民族による抵抗運動であるにもかかわらず、である。アメリカ政府のこのダブルスタンダードこそが、テロリズム対策の困難さを物語っている。

オリンピック開催中において、ウイグル人が起こしたテロ事件を即座に公表し、世界のメディアを通じて報道させたのは中国政府当局の思惑だった。つまり、中国はアメリカを中心に世界が戦っている「テロリズム」という問題の被害者であるというイメージ付けを行い、そのテロ攻撃から北京オリンピックを守る役目があるという大義名分を世界のメディアを通じてアピールすることにより、「ウイグル人＝テロリスト」というレッテル貼りに成功したのである。そこには、世界に情報を発信する世界のメディア、マスコミをどちらが味方につけるか、というテロリストと政府の間のメディアを巡る主導権争いの構造が見て取れる。

チベット独立運動はテロリズムか？

「四人は過激な思想をもっている。四川省涼山イ族自治州で二〇〇キロ以上の火薬が行方不明になった。四人はなくなった火薬を所持し成都に侵入した可能性があり、爆弾テロを企てている」（四川省成都市公安局）

これは中国四川省成都市の公安局が発表した「爆弾テロ計画」に関する声明で、チベット人の四人の男女が爆弾テロ事件を計画しているとして、顔写真入りで指名手配し、市民に呼びかけたものである（産経新聞、八月八日付朝刊）。この計画の真偽については明らかではないが、少なくともその後、オリンピック期間中にチベット人によるテロ事件は全く発生しなかった。

かつて中国政府はウイグル人に対して「テロリスト」のラベリングに成功したように、この機に乗じて、チベット人にも「テロリスト」のレッテルを貼ろうと画策したと考えられる。オリンピックにおいて中国当局がこのようにチベットの動向を警戒したのは、二〇〇八年に入って再度盛り上がりを見せたチベット自治区における中国政府への抗議活動が原因である。

二〇〇八年三月、チベット独立を求める大規模デモが発生した。チベット自治区のラサでチベット僧らのデモが暴動化し、銀行や商店に対して投石や放火をし一部略奪を行うといった騒動に発展したため、中国当局は武力的手段によりこれを鎮圧した。これがいわゆるラサ暴動の顚末である。その期間はチベットにおける世界のメディアによる自由な取材活動が認められなかったため、そのラサ暴動の映像は中国共産党が現地で撮影した奇妙なテレビ映像に限られていた。つまり、徹底した報道統制の中でラサ暴動は発生し、そして世界に伝えられたのである。

世界で報道された映像はどれも同じである。チベット人が暴徒化して銀行や商店を襲い、駐車した自動車を襲って火が上がる一連のシーンと、中国当局によって鎮圧された後の平静を取り戻した街のシーンだけである。その間に、中国当局が行った徹底した鎮圧の状況はすべてカットされている。その結果、チベット人がどのような弾圧を受けたか、どれくらいの死傷者が出たか、真相は全くわからない。このラサ暴動での被害者数は未だに不明なのである。中国当局は死者二二人と公表しているが、チベット亡命政府によると死者は一四〇人を超えるという。ニュースで伝えられたこのテレビ映像がおかしいことは、普通のメディアリテラシーをもった視聴者であれば一目瞭然である。

チベットにおけるラサ暴動のデモで叫ばれたメッセージの中には、チベットの解放、独立をもとめるものが含まれていたと伝えられており、このラサ暴動の目的は、民族解放、民族独立である。その後、ダライ・ラマ一四世はマスコミを通じて、チベットは必ずしも独立を要求せず、中国の法の下で保障される高度な自治を求めるものであること、暴力は認められないことをアピールした。

世界のメディアは、中国政府の公式見解、ダライ・ラマ一四世の見解、各国に亡命しているチベット人の声を報道し、連日伝えた。まさにメッセージのせめぎ合いである。フランスのサルコジ大統領は一時、北京オリンピックの開会式への参加をとりやめる方針を打ち出し、その結果、中国ではフランス系スーパーマーケットのカルフールへの不買運動、デモなどの過剰反応に発展した。さらに「フリー・チベット」を要求する世界中の活動家が、中国に抗議する目的で、北京オリンピックの聖火ランナーのリレーを妨害するという事態に発展したのは、記憶に新しいことである。その聖火ランナーが、日本の長野県を走ったときも、厳戒態勢の中で現場では緊張の空気が流れたことは、日本のメディアでも伝えられたとおりである。

聖火ランナー妨害というPR作戦

なぜ、この「フリー・チベット」の運動家は、オリンピックの聖火ランナーを狙ったのだろうか。それは、オリンピックが始まるまでの準備期間において、その気運を盛り上げるための儀式として、世界中がこの聖火ランナーに注目するからである。しかし、それだけでなく、そこには歴史的に重要な意味が隠されている。

聖火ランナーという儀式は、ナチスのアドルフ・ヒトラー総統によって計画された一九三六年のベルリン・オリンピックから始まった。このベルリン・オリンピックは、それまでのオリンピックとは全く異なり、ナチス・ドイツが威信をかけた世紀のプロパガンダ・イベントであった。ナチス・ドイツは、当時最先端であったメディアである、映画やラジオをプロパガンダに使用したことで知られる。そしてそのプロパガンダを指揮したのが、ヨゼフ・ゲッベルス宣伝相である。このベルリン・オリンピックは、大会場とそれを彩るスペクタクルで知られ、その壮大な舞台装置と、世界中から集まったアスリートによる競演は、レニ・リーフェンシュタール監督による映画『民族の祭典』『美の祭典』に記録されている。

ナチスはこのオリンピックで、ナチス・ドイツの威勢を世界に知らしめたが、そのイベント性を高めるために初めて導入された演出が、この聖火ランナーであった。オリンピックの聖地ギリシアとベルリンを結んだコースを、聖火を持ってリレーしたのである。聖火ランナーとは、このイベントのPR、宣伝のために作られた演出だったのである（ナチス・ドイツのメディア戦略については、福田：二〇〇七aを参照のこと）。

このように、オリンピックとはメディアイベントとして、国威発揚の手段として国家に利用されることが多い。その宣伝の手段である聖火ランナーを妨害するという行為は、この国家によるプロパガンダの発想を、テロリズム的に転覆し、反対に自分たちの宣伝の手段として用いようとする、逆転の発想といえる。「フリー・チベット」活動家たちは、そのことを熟知していたのである。

その後、北京オリンピック開催中においても、「フリー・チベット」を表明した活動家が北京の警察により逮捕された。また、先に紹介したようなチベット人による「爆弾テロ計画」が公安局によって公表されたりしたが、結局、チベット人によるテロリズムは発生しなかった。そして、徹底的な警備体制の結果、世界から集まった観客や選手が巻き込まれるような大規模なテロ事件は、オリンピック会場で発生することはなかった。

しかし、その裏側にテロリズムをめぐる、世界を巻き込んだ駆け引きがあったことは忘れてはならない。

こうして、北京オリンピックは終了した。そしてその後再び、チベットとウイグルに関するメディア報道はなくなったのである。現在、本当にチベットやウイグルでは何も起きていないのだろうか。テロリズムや、政府による弾圧は発生していないのだろうか。しかし、それは本当に何も発生していないのか、それともそれが政府によって公表されず、メディアによって報道されていないだけなのか、私たちには判断することが難しい。メディアの受け手の側にいる限り、この両者の区別はつきにくいのである。政治体制の中で、または新華社通信などの中国メディア内における情報のゲートキーピング機能によって、まさにゲートキーパー（門番）がどこかの段階で情報を止めている可能性は否定できない。「情報の不在」「情報の空白」が一体何を意味するのか、情報がないことから事態を読むメディアリテラシーも、私たちには必要なのである。

日本も他人ごとではない

二〇〇八年七月七日から九日の三日間、第三四回主要国首脳会議が北海道洞爺湖で開催された。いわゆる洞爺湖サミットである。このサミットは、地球温暖化対策など環境問題や、原油高などのエネルギー問題、テロリズム対策など、世界が抱えるグローバルなリスクをテーマとした非常に重要な世界的イベントであった。しかし、このサミットもまた、世界から注目を集めるイベントとしてテロリズムの標的となりやすい。また、近年のサミットでは、反グローバリズムを掲げる団体が大規模なデモや暴動を起こす事件が多発している。その結果、日本政府もテロ事件を未然に防ぐためのテロ対策を最高レベルに引き上げた。それは、北海道洞爺湖会場周辺の警備体制だけではない。それに関わる北海道、東京だけでなく日本の領海、領空も含めた本土全体における警備体制の強化である。重要な交通機関やライフラインの警備、空港での外国人の出入国管理など多様なテロ対策が実施された。

警備体制だけでなく、実際のテロ事件を想定した訓練も各地で実施された。例えば、警視庁はサミット前の同年三月、東京のJR渋谷駅で利用者が見守る中、爆発物を処理するテロ訓練を実施した。これは、実際の街中に人がいる状態の中でテロ事件の処理を訓練することにより、①テロ対策の練度を上げる効果があるだけでなく、②テロ対策を社会にPRすることにより、人々の危機意識を高め注意を促すと同時に、テロ対策がしっかりとられていることの安心感を与える効果がある。そしてそれと同時に、③こうしたテロ訓練がメディアで報道されることによって、日本がテロ事件を起こしにくい隙のない体制であることを、テロリストや世界各国にアピールする効果もある。こうした懸命な日本政府による努力によって、洞爺湖サミットはテロ事件やデモの暴動などによる死傷者は発生せず、無事に終了した。そのこと自体は評価されるべきであろう。

しかしながら、これだけの「過剰ではないか」と思われるほどのテロ対策の裏には、テロリズムに脅かされる世界の現状があり、そしてさらに日本を再びテロリズムの被害国にしない、という日本政府の決意が込められている。歴史的に見れば、日本はテロリズムと無縁ではなく、むしろ数々のテロ事件が日本でも発生してきた。本書では、日本で発生した数々のテロリズムを具体的に挙げながら、引き続きテロリズムとメディアの問題を考察する。

第三章　テロリズム時代の到来――９・11テロ事件とオウム

９・11テロ事件七周年とアメリカ大統領選

筆者は二〇〇八年四月からコロンビア大学「戦争と平和研究所」の客員研究員としてニューヨークで生活しているが、そこで二〇〇八年九月一一日にアメリカ同時多発テロ事件の七周年記念追悼式典に参加した。マンハッタンのワールド・トレード・センター（ＷＴＣ）跡地で毎年開催されてきた追悼式典も、再開発によりこの年で最後になる。

この追悼式典には、９・11テロ事件の被害者の遺族や、救出活動中に命を落とした消防士や警察官などの関係者ら、たくさんの人々が参列している。会場ではこのテロ事件の対策を指示したジュリアーニ元ニューヨーク市長や、当時ニューヨーク市長であったブルームバーグ氏が追悼のスピーチを行い、大統領候補だったジョン・マケイン、バラク・オバマ両上院議員も献花に訪れた。この日、追悼式典の様子はアメリカのテレビ局ＣＮＮやＮＢＣなどで全米、世界に中継された。イベントやメディアを通じて多くのアメリカ国民がこの日を悼んだように、アメリカにおいて、9・11テロの傷は未だ癒えてはいないのである。

その九月一一日の夜、コロンビア大学において開催されたトーク・イベントに、大統領選挙中のマケイン候補とオバマ候補がそろって参加した。「サービス・ネーション・サミット」と題されたこのイベントでは、「9・11の七周年を迎えたアメリカ国民は社会のためにどのような貢献をすべきか」を議論することがテーマであった。コロンビア大学ラーナーホールで開催されたそのイベント（写真5）には、会場に入りきれなかった学生たちのために、キャンパスにパブリック・ビューイングの特設ビジョンが設置された。

民主党支持者が多いニューヨークの中でも、とりわけこのコロンビア大学はその傾向が顕著で、教員や学生の八割以上がデモクラッツだと言われている（写真6）。キャンパスは何千人という学生や教職員で埋め尽くされた。特にコロンビア大学はオバマ候補の母校でもあるためオバマ人気は絶大なものがあり、オバマ候補のプリントされたオバマTシャツや、オバマ・バッジをつけた学生が数多く見受けられた。当然、マケイン候補の発言にはブーイング、オバマ候補の発言には拍手喝采という熱狂的な盛り上がりで

写真５　コロンビア大学イベントでのオバマ候補
（筆者撮影）

写真６ コロンビア大学の学生がイベントで掲げたブッシュ政権批判
（筆者撮影）

あった。

ここでマケイン候補は、9・11テロと現在のアメリカのテロ対策について、自らが9・11委員会の立ち上げをリードし、数々のテロ対策関連法案を通過させてきたという実績をアピールした。「アメリカは9・11の頃と比べればずっと安全になったが、まだまだやるべきことは残っている」。それに対してオバマ候補は、まだまだアメリカへのテロの脅威は無くなっていないと強調した。そして、「核ミサイルよりも、スーツケースに核爆弾を入れて持ち込まれる核テロが一番の脅威である」と述べた。このように共和党候補、民主党候補ともに、「テロとの戦い」はまだ終わっていないことは、アメリカにおいて共通の認識である。イラク駐留問題について、アフガニスタンにおけるテロとの戦いについて、これは二〇〇八年アメリカ大統領選挙の重大な争点のひとつとなっていた。そのアメリカを「テロの時代」へ引きずり込み、「テロとの戦い」へ導いたのが、二〇〇一年の9・11アメリカ同時多発テロ事件であった。

全世界にテレビ中継された9・11テロ

二〇〇一年九月一一日に発生したアメリカ同時多発テロ事件は、テレビや新聞、インターネットなどのメディアを通じて世界中に報道され、世界全体にインパクトを与えた。モハメド・アッタを主犯としたテロリスト・グループが四機のボーイング旅客機を乗っ取り、そのうちの一機はワシントンDC郊外の国防総省（ペンタゴン）に激突、一機はペンシルバニア州に墜落した。残りの二機がニューヨークのワールド・トレード・センターに激突した映像が、リアルタイムでテレビ中継を通じて世界に報道されたのである。

筆者自身、その夜一〇時過ぎに研究室でつけていたテレビのニュース番組の臨時ニュースによって、その映像をリアルタイムで視聴した。そのときの衝撃は未だに忘れられない。「これは本当に現実なのか」、まるでフィクション映画のようなスペクタクルに我が目を疑ったことを今でも覚えている。このヴァーチャルな感覚は、さまざまな思想家や評論家によって表現されている。現実を「まるで映画のようだ」と感じる転倒した錯覚はまさにジャン・ボードリヤールのいう「シミュラークル」そのものであり、古くからダニエル・ブーアスティンも指摘していた「イメージの時代」からある感覚である。消費社会が作り出したこの現実とメディアの転倒をテロリズムは利用し、視聴者も幻惑される。リアルとヴァーチャルの地平において決定不能な状態にあるオーディエンスを揺さぶり、不安を引き起こす。これが現代におけるテロとメディアの関係である。その裏返しとして、フィクション映画が現実のテロリズムを模倣していた時代が、テロリズムの現実こそがフィクション映画を引用し、模倣する時代へ転倒したことも、ポール・ヴィリリオの指摘するとおりである。

そしてそのとき筆者がその次にとった行動は、パソコンでインターネットを使った情報収集であった。テレビだけではわからないことが、何かネットでわかるかもしれない。人は個人で決定不能に陥ったとき、社会的つながりに依存する。そして、世界中の人が同じように感じ、情報を求めていることを知り、安心する。現代におけるテロリズムとメディアを考えるとき、新しい変数として機能しているのがこのインターネットである。

恐らく、世界中の人々が同じような行動をとり、同じようなことを考えたのではないだろうか。その世界中で発生した個人の行為全体が、テロリストの計画の一部である。テロリストが望んだとおりに、メディアもオーディエンスも反応したのであった。

この9・11テロ事件がメディアの視聴者にどのような行動をとらせたかを研究したのが、米国ウィスコンシン大学のダグラス・マクレオド教授を中心とした研究グループである。マクレオドらは、9・11テロ事件のテレビニュース報道と新聞報道を内容分析した。そしてその報道が人々にどのような感情的反応を引き起こしていたかをアンケート調査したのである。その結果、9・11のテレビニュースが視聴者に対して非常に大きな感情的反応、ショックを与えていたことが明らかとなった。その影響は新聞よりもテレビニュースの方が大きく、その原因はテレビニュースの方がより感情面に訴える方法をとりやすいという、メディアの形式と報道スタイルに起因するものであると論じた。

またマクレオドらは、9・11テロ事件の報道を受けた人々がどのような行動をとったかを明らかにするために別の調査を行っている。その結果、テロリズムの映像を見た恐怖や不安の感情が、状況の不確定性を縮減させるために、さらなる情報探索行動を引き起こすことが明らかになった。つまり、9・11テロ事件のような状況が不確定である大事件が発生したとき、その状況を把握し、自らの恐怖や不安を軽減させるために、人々はメディアの情報に依存し、より積極的にメディアの情報にアクセスしようとするのである。そのため、人々はインターネットにアクセスしさらに情報を収集しようとしたり、家族や友人とこのテーマを話したり、電話をして人と語ることで、テロリズムの効果は社会に広がっていくのである。

グローバル・メディアが支えるグローバル・テロリズム

このようにある国で起こったことを、世界中の人がテレビやインターネットなどのメディアを通じてほぼリアルタイムで知ることができる。メディア研究者のマーシャル・マクルーハンが言う「グローバル・ビレッジ」の誕生であり、これを可能にしているのが現代のグローバル・メディア、グローバル・ネットワークの存在である（マクルーハンのメディア論については、福田：二〇〇一bを参照のこと）。現代の私たちは、アメリカのCNNなどのニュース・ネットワークを通じて世界の情報を知ることができる。また中東で起きている戦争やテロに関する情報もカタールのドーハにある衛星放送局アルジャジーラ等の報道によって知ることができる。こうしたグローバル・メディアのネットワークは私たちが世界の情報、ニュースを知ることに貢献している。

そして同時に、そのグローバル・メディアであるテレビやインターネットの存在こそが、国際テロ組織によるこうしたグローバル・テロリズムを可能にしているという矛盾がある。ある国においてテロ事件を起こすことによって、現代のテロリストは全世界に対して犯行声明としてそのメッセージを発信することができるのである。そして、そのテロリズムの映像はメディアによって報道され、世界中の人々に届けられる。そのグローバル・テロリズムの代表例であるイスラム系国際テロ・ネットワークであるアルカイダは、そのことを熟知しているからこそ、徹底したメディア戦略を行い、その効果がメディアを通じて最大限に発揮されるようにテロリズムの実行を計画している。

このグローバルなメディア・ネットワークを支えているのは、グローバリズムを構成する経済的、資本的、技術的側面である。そして、そのグローバル・メディアのコンテンツを満たしているのはグローバリズムを支えるアメリカニズム的文化である。それを具体的に語るのであれば、ジョン・トムリンソンが指摘するようなディズニーやマクドナルド、コカ・コーラのようなアメリカ的なるものを表象する「文化帝国主義」がここで問題となる。また、もう少しメタレベルで語るのであれば、アントニオ・ネグリ／マイケル・ハートが浮かび上がらせたような新しいグローバルな主権的形態としての「帝国」という問題が浮かび上がってくる。現代の国際テロリズムの多くは、こうしたグローバリズムに対する反グローバリズム、アメリカに対する反アメリカニズム、「帝国」に対する反「帝国」というアプローチと深く結びついている。これら、グローバリズム、アメリカニズム、「帝国」的なるものが拡大すればするほど、テロリズムによる抵抗は強度を増している。

その後、ジョージ・ブッシュ大統領は「対テロ戦争」とブッシュ・ドクトリンを表明し、アメリカ国民の圧倒的支持を受けて、二〇〇一年にはアフガニスタン戦争を、二〇〇三年にはイラク戦争を実行した。こうしてアメリカに「再びテロリズムの時代が到来」し、アメリカによる「対テロ戦争」はパキスタンやインドなどそれ以外の周辺諸国にも拡大しながら、今も続いていることは第一章で考察したとおりである。二〇〇八年末に亡くなったハーバード大学のサミュエル・ハンチントン教授の世界的ベストセラー『文明の衝突』が、イスラムと西欧の衝突を予言した書であったとして、9・11テロ事件後さらに注目を浴びた。世界の安全保障問題はこの対立を軸にして進むことが既定路線となったのである。

しかしながら、アメリカをはじめ西側諸国のメディアや学者、思想家がすべてその「対テロ戦争」とブッシュ・ドクトリンを支持したわけではないことは、周知の事実である。アメリカだけを見ても、ノーム・チョムスキーやエドワード・サイード、リチャード・ローティなどアメリカを代表する多くの思想家が、この「対テロ戦争」という問題設定自体を批判した。とくにチョムスキーは、そうしたオサマ・ビンラディンらアルカイダなどのイスラムのテロリストこそ、自らの覇権を維持するためにアメリカ政府や

CIA（米中央情報局）が育ててきた手先であり、この問題の原因はアメリカにこそあると弾劾したのである。

また、パレスチナ出身で、当時ニューヨークのコロンビア大学教授であったサイードは、9・11テロ事件以降のメディアとブッシュ政権の方針をともに批判している。テレビ放送がテロ攻撃により倒壊したWTCの映像を繰り返し放送し、悲嘆と愛国主義に覆われた報道ばかりを繰り返したとサイードは指摘し、これが戦意高揚の効果をもたらしたと批判する。このテロ事件がなぜ発生したのか、なぜアメリカが攻撃されたのか、その原因と本質を理解することのないまま、「対テロ戦争」が進められても根本的な解決にはならないという批判である（サイードのメディア批判については、福田：二〇〇七bを参照のこと）。

ここで筆者が先に「再びテロリズムの時代が到来」という表現を使ったことには訳がある。アメリカにとってテロリズムの問題は、第二次世界大戦以後、とくに一九七〇年代以降何度も繰り返されてきたと言っても過言ではない。そのアメリカが経験してきたテロリズムの歴史については、また後ほど考察したい。その前に、アメリカにおいて再び「テロリズムの時代」が到来した原因が二〇〇一年の9・11同時多発テロ事件だったように、我が国日本においても、「テロリズムの時代」が到来したきっかけとなった事件がある。それが、一九九五年に発生したオウム真理教による地下鉄サリン事件である。

地下鉄サリン事件の衝撃

筆者が現在、アメリカでテロ対策の研究を行っていて、アメリカのテロリズム研究者と接するとき、彼らが私に一番聞きたがるのは、この地下鉄サリン事件についてである。さらに、海外で開催されるテロリズムに関するシンポジウムや研究会で、現代における世界での二大テロ事件として扱われるのは、決まって9・11テロ事件とオウム真理教事件である。それはなぜなのだろうか。

一九九五年三月に発生した地下鉄サリン事件とは、オウム真理教というカルトではあるが社会的に有名な巨大宗教団体が、東京という世界有数の都市において、地下鉄という重要ライフラインとその利用者という無差別な対象を狙って、サリンという化学兵器を使用して行った世界の歴史上初の無差別化学兵器テロリズムだったからである。しかも彼らはその前年に長野県松本市でも松本サリン事件をおこし、また炭疽菌やボツリヌス菌などの生物兵器の製造にも着手していた。作家・村上春樹がこの事件の被害者に対して行った詳細なインタビューによって構成されている『アンダーグラウンド』は、英語に翻訳されてアメリカでもヒットしている。

『アンダースタンディング・テロ・ネットワーク』や『リーダーレス・ジハード』などのベストセラーで世界的に知られるマーク・セイジマン博士は、現在コロンビア大学でも講義を持っているテロリズム研究者である。彼は日本にも来て、このオウム真理教と地下鉄サリン事件に関するフィールド調査を実施した。彼が現在関心を持つのは、なぜオウム真理教のような宗教団体がテロリズムを実行するテロ集団に変貌するのか、そのメカニズムについてである。これは、イスラム系のテロリズムにおいても同じ構造を持っており、なぜ一般社会で普通の生活を送っている温和な市民がテロリズムという過激行動をとるに至るのか、という問題でもある。現在問題になっている環境団体テロ、動物愛護団体テロの問題とも共通の課題である。その問題を解決する鍵が、このオウム真理教と地下鉄サリン事件にあるという。

この世界が注目した地下鉄サリン事件は、一九九五年三月二〇日朝、東京の地下鉄丸ノ内線、日比谷線、千代田線など五編成の地下鉄車内において、オウム真理教信者一〇名が化学兵器サリンを散布し、乗客やそれに対応した地下鉄駅員ら一四名を殺害、五〇〇〇人を超える負傷者を出した歴史的テロ事件である。

この事件の発生から日本のテレビ局は特別報道番組を編成し、この事件の顚末を伝え続けた。そして、その後の警察当局による捜査によって、約二か月後の五月一六日にオウム真理教の麻原彰晃を容疑者として逮捕するため、山梨県上九一色村にあったオウム真理教の施設に強制捜査が入り、その様子はテレビによって生中継された。化学兵器や生物兵器による攻撃から身を守るために化学防護服に身を包んだ警視庁捜査員や山梨県警捜査員が、施設内に隠れている麻原彰晃逮捕のため、施設を捜索する映像を、数多くの国民が固唾を飲んで見守った。この九五年は、三月二〇日の地下鉄サリン事件に始まって、一年中この地下鉄サリン事件とオウム真理教が、朝昼のワイドショーや夜のニュース番組を賑わすこととなった。そして、日本中の視聴者もこの物語のゆくえを見守ったのである。

メディアの「キラー・コンテンツ」となったテロリズム

この年、いわゆる「オウム特番」と呼ばれる特別番組が放送され、特番以外でも、草野仁アナウンサーの司会による日本テレビ『ザ・ワイド』では、ジャーナリストの有田芳生氏、江川紹子氏らが連日登場し、オウム真理教問題を伝えた。ビデオリサーチの九五年年間視聴率調査によれば、上位三〇位の中にオウム真理教を扱った番組が関東地区で四本ランク入りしている。つまり、オウム真理教が起こした地下鉄サリン事件により、オウム真理教は日本人が注目する関心事となり、視聴率がとれる「キラー・コンテンツ」となったのである。この年、地下鉄サリン事件以降、オウム真理教に関する事件や、便乗した事件が多発し、連日メディアを賑わした。主な事件だけ紹介すると以下のようなものがある。

【九五年に発生したオウム関連事件】
三月二〇日　地下鉄サリン事件
三月三〇日　國松孝次警察庁長官狙撃事件（オウムが関与と報道されたが未解明）
四月一九日　横浜駅異臭事件（便乗犯の犯行）
四月二三日　オウム幹部・村井秀夫刺殺事件
五月一六日　青島幸男東京都知事宛小包爆弾事件
六月二一日　全日空857便ハイジャック事件（オウムを名乗ったが無関係）

真相は依然未解明であるが警察庁の國松長官狙撃事件は、国家の要人の暗殺を狙った要人テロであり、同じく東京都の青島幸男知事を狙ったテロも小包爆弾による要人テロである。またJR横浜駅で起こった異臭事件は便乗犯による愉快犯型犯罪であるが、大規模施設における一般市民を狙った無差別テロの要素を持つ。また、オウム幹部であった村井秀夫は多くの報道陣のテレビカメラの前で刺殺され、オウムを名乗った銀行員による人質テロであった全日空857便ハイジャック事件は、その模様が臨時ニュースにより生中継された。これらの事件は連日、新聞朝刊の一面を飾り、テレビニュースのトップ項目となり、売上げや視聴率を稼いだのである。

その結果、日本国民の意識に大きな変化が現れた。**図表3**は、東京大学の橋元良明教授のグループがオウム真理教による地下鉄サリン事件の後に実施したアンケート調査の結果である。筆者もこの研究グループの一員である。このグラフを見ると、「地下鉄に乗るのが不安だ」、「今年一年の間に再び大事件が発生しそうだ」という不安の声が三割に達し、それに対し「宗教法人への法的規制はもっと厳しくすべきだ」という意見が八五%、「信教の自由を制限することもある程度は必要だ」という意見も六四%に上って

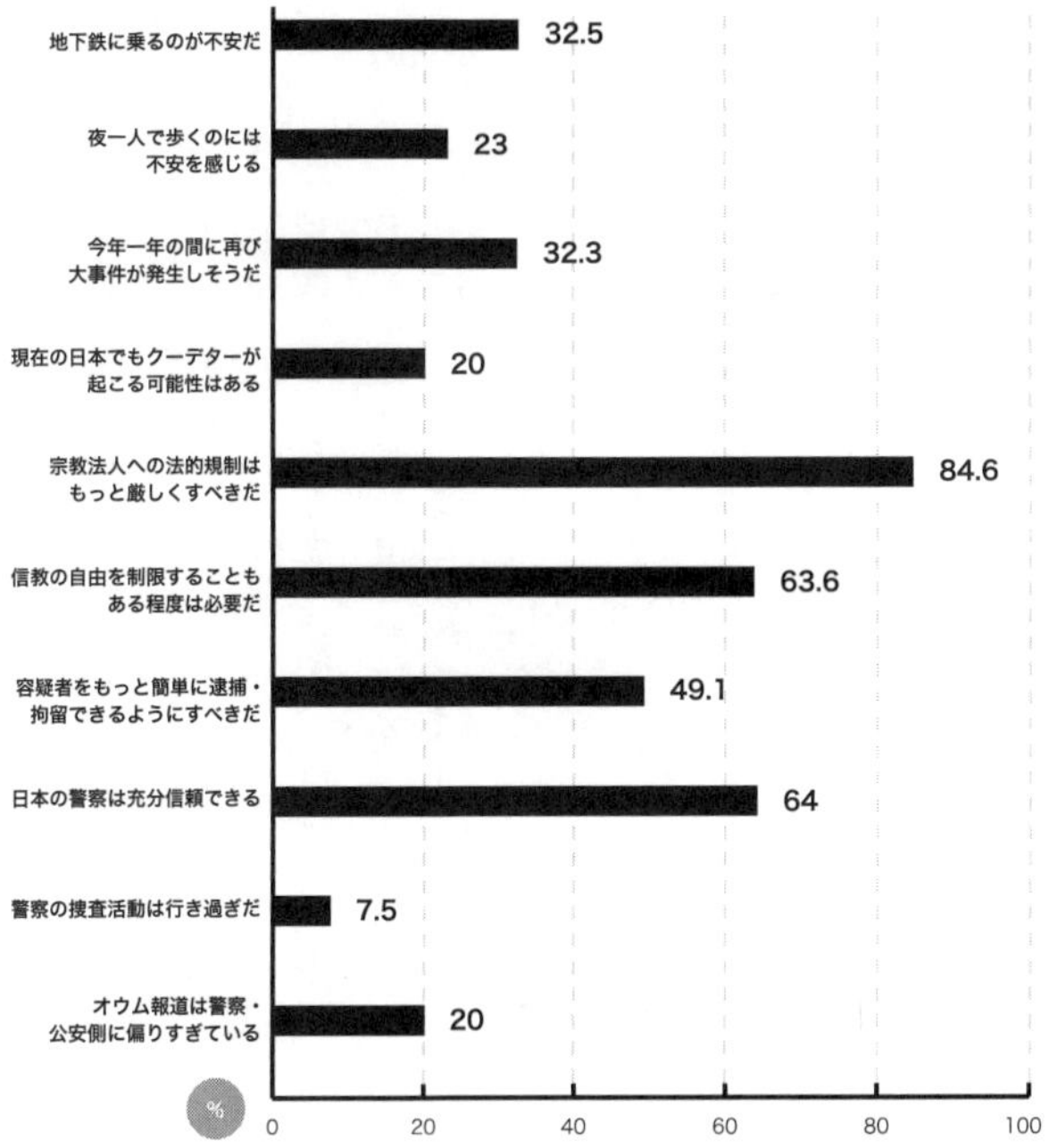

図表３　オウム真理教による地下鉄サリン事件後の世論
【橋元ら、1995】

いる。「日本の警察は十分信頼できる」という意見も六四％に達している。

メディアは連日、なぜオウム真理教という危険な団体を野放しにしたのか、警察や政府の危機管理体制の甘さを指摘し批判した。世論もそれに同調したのである。それによって、日本の空気は一変した。現在ではすでに忘れ去られているが、それまで「テロ対策」や「有事」、「危機管理」といったキーワードは戦後民主主義の日本においてタブーであり、日本政府はこれらの問題に表立ってタッチできなかったという状況があった。日本でそうした研究をすることは困難で、その傾向は東京大学などの社会科学系においてとくに顕著であった。それは日本のマスコミの圧力とそれを後押しする世論が背景にあったためである。

しかしながら、この九五年に発生した阪神淡路大震災と地下鉄サリン事件によって時代は回転し始める。その後、北朝鮮による拉致事件、不審船事件、テポドン・ミサイル発射などの外的要因や、在ペルー日本大使公邸人質事件、ＪＣＯ臨界事故など相次いだ事案により、日本においても「テロ対策」や「危機管理」が求められる状況が発生した。つまり、日本にも「テロの時代」がやってきたのである。

メディアを利用したオウム、オウムを利用したメディア

当然、マスコミの問題も追及された。このマスコミとオウム真理教の関係も注目を浴びることとなる。オウム真理教はその宣伝のためにテレビなどのメディアを利用した。普段の布教活動においても、オウム真理教は麻原彰晃の教えを説いた説教本、教団ソング、教団ビデオを大量に作成し、頒布した。単純でわかりやすく短いフレーズを連呼する、一度聞いたら耳について離れない教団ソングや、教団ビデオの作成には、アドルフ・ヒトラーが『わが闘争』の中でも触れ、ヨゼフ・ゲッベルス宣伝相によって実践されたナチス・ドイツの宣伝手段が踏襲されている。それらを用いて一九九〇年二月の衆議院議員選挙に立候補したが、全員が落選した。しかしながら、それによってさらにメディアへの露出を増やすという副次的効果があったことは否定できない。その衆議院選挙落選の反省のもと、オウム真理教は積極的なテレビ出演に打って出ることとなる。

一九九一年九月にはテレビ朝日の人気深夜番組『朝まで生テレビ！』に麻原代表以下幹部が出演し、大川隆法代表率いる「幸福の科学」と対決するという前代未聞の番組は当時注目を浴びた。現在では信じられないことであるが、当時はその宗教的なストイシズムや出家・修行活動が、一部の宗教学者や評論家などから評価されるような場面もあ

ったのである。この番組の最後に発表された視聴者からの電話アンケートでは、「どちらの団体がより宗教団体として正しいか」という問に対して、オウム真理教の方が勝利したという結果で番組を締めくくっている。

また、麻原彰晃は同年一二月には同じくテレビ朝日の『ビートたけしのTVタックル』にも出演し、ビートたけしと九二年を予言するテーマで対談した。他にも、当時最も人気のあったバラエティ番組であった日本テレビ『とんねるずの生でダラダラいかせて!!』では『麻原彰晃の青春人生相談』というコーナーで出演している。どんどん社会現象化していくオウム真理教を、その視聴率稼ぎのためにメディアが利用した側面は否定できないであろう。オウム真理教という世界的テロ組織を、メディアは利用したのである。このような時代背景の中で、TBSは坂本堤弁護士殺害事件に関連した坂本弁護士ビデオテープ事件を起こし、ジャーナリズム倫理の問題としてその社会的信用が問われた。このオウム問題に関しては、日本のどのテレビ局もその罪は免れない。オウムを利用したメディアが、どうしてオウムのテロ犯罪を糾弾することができるだろうか。これらテレビ局はどのような反省の下にどのような総括を行い、どのような対策をとったのだろうか。その反省が現在のテロ報道に活かされているのか、明確には見えてこない。

こうして、日本においてもアメリカにおいても、テロリズムとメディアは結びつき、現代の「テロの時代」へと突入していったのである。

人はなぜテロにひきつけられるのか？

9・11テロの映像に、世界中の人が目を奪われた。そして、地下鉄サリン事件の続報に、日本中の人が注目した。テロリズムとメディアが結びつくのは、そのメディアの利用者がその情報を欲するからなのだろうか。だとすれば、私たちはなぜテロリズムに魅せられてしまうのだろうか。

アメリカのテロ研究を代表するランド研究所のブライアン・ジェンキンスは、「テロリズムは劇場だ」と述べている。彼は、テロリストの攻撃がメディアやジャーナリストの関心を集められるよう、テロリズムは慎重に演出されることが多いと指摘している。

テロリズムという名の劇場において、テロリストは芝居をみせるパフォーマーであり、それをみるオーディエンスは大衆である。そして現代において、その舞台を提供しているのがメディアである。そのテロリストが設定するテロの舞台が、爆弾によって、人質拉致によって、ハイジャックによって、壮大な「スペクタクル」を創り出し、そのスペクタクルがメディア報道によって世界に伝えられることにより、メディアにとって強力なコンテンツとなり、世界中の人々がそれに目を奪われる。テロリストはテロ事件を発生させ、メディアを利用することでこの図式を作り上げるのである。

このスペクタクルを構成するのが、テレビでは「サウンドバイト」である。サウンドバイトとは、現地の状況や具体的な人物を示す生の映像や音声がそのまま放映されることを意味する。テロリズムにおいては、このサウンドバイトこそがインパクトを持ち、人々に衝撃を与えうる。そのため、テロリストは時に自分たちの犯行がテレビなどのメディアによってどのように報道されるかを気にしながら、犯行を計画する。J・ボウヤー・ベルのキーワード「撃つなアブドゥル！　まだゴールデンタイムじゃない！」という表現はまさにこのことを示している。9・11テロ事件にはとくにその要素が強かったといえる。

マーシャル・マクルーハンが「テレビの構造は目に見えない」と述べたのもまさにこのことであり、テレビの報道メディアとしての特性は、それがたとえどのように演出されていようとも、どのように編集されていようとも、サウンドバイトがまるで「ありのままの」事態を伝えているかのように、視聴者に思い込ませる効果を持つ。

９・11テロでは、一般市民や旅行客のビデオカメラが撮影したビデオ映像が報道されることによって、テロリズムがスペクタクル化した。ＷＴＣに突っ込む二機のボーイングの映像である。その続報は集まったテレビ局のカメラによってリアルタイムで中継された。ロンドン列車爆破テロでは、街頭や駅構内にある監視カメラＣＣＴＶの映像がテレビ報道で多用されスペクタクル化した。日本人のイラク人質事件では犯行グループの武装勢力によって人質のビデオ映像が衛星放送局アルジャジーラへ送られ、世界中に放映された。このように、テロのサウンドバイトは、テロリストの手を離れて一人歩きする「サウンドバイト効果」を持つのである。

メディアイベントと化した現代のテロリズム

テロリズムによって作り出された劇場において、大量のサウンドバイトが観客に提供される。こうしてテロリズムは、メディアによって供給されるスペクタクルによって「メディアイベント」と化す。著名なメディア研究者のダニエル・ダヤーンとエリユ・カッツは、テレビ時代におけるこうした出来事を、オーディエンスに新しい経験をもたらすメディアイベントとして、考察している。メディアイベントとは、多くの人々が興味関心を持つような行事や社会的現象がメディアを通じて国中、世界中の観衆にリアルタイムで伝えられ、その観衆たちにも参加を要請することによって、そのイベント自体が観衆の消費の対象になる現象を指す。

メディアイベントにはさまざまな形態があり、たとえば、世界が注目するオリンピックやワールドカップのような「競技型」、皇太子殿下ご成婚や、ダイアナ妃葬儀などの冠婚葬祭にまつわる「戴冠型」の儀式などが、伝統的なメディアイベントとして挙げられる。しかし、現代においては世界中の人がメディアに注目し、その推移を見守る9・11テロ事件や、地下鉄サリン事件などのようなテロリズムもまた、新しい形のメディアイベントであると考えることができる。テロリズムもテロリストが積極的にメディアを利用することによって、メディアイベントに変容するのである。そこでは、テロリストのパフォーマーも、それを伝えるメディアも、それを視聴している観客である一般市民も、テロリズムという名のメディアイベントを構成するひとつの要素となる。その中で、それぞれアクターが互いの役割演技を実行しているのである。

確かにテレビは、それ自体において独自のメディアイベントを作り出すことはできない。しかし、企てられた出来事の意味づけを際立たせ、解釈を付け加えることができる。

またテレビは、視聴者が家庭や職場といった集団に分散されている設定ではあれ、イベントに擬似的に「参加」する新しい方法を提供している。ダヤーン＆カッツが指摘したのは、「テレビはイベントへの接し方を平等化する」という神話であり、幻想である。ここでイベントという概念をテロリズムに置き換えることが可能である（テレビがつくるメディアイベントについては、福田：一九九九を参照のこと）。

テロリストの目標

アメリカを代表するテロリズム研究者の一人であるジョージタウン大学教授のブルース・ホフマンはテロリズムについて次のように述べている。

「すべてのテロリスト・グループに共通する特徴がある。目的なく行動するものは誰もいないということだ。どのグループも、ひとつの行動で最大の宣伝効果を得ようとし、また力を見せつけることで、人を思いのまま動かし、目的を達成しようとする」

つまりテロリズムとは、大きな事件を起こすことによってまず注目を集め、その宣伝効果によってメッセージを伝えるための暴力行為であるといってよいだろう。テロリストにとって、メディアとそのオーディエンスはそのテロリズムの本質に関わる非常に重要な存在なのである。

イギリスを代表するテロリズム研究者の一人であるポール・ウィルキンソンは、「テロリズムは本質的に、より広い社会へ脅威が伝達されることに依存した心理的武器」であると述べている。ウィルキンソンは、テロリストがテロを行う目的を次の四点に整理している。

①テロリストの行為を広く宣伝し、ターゲットとする集団の中に極度の恐怖心を起こさせること。
②テロリストの目的の正当性や勝利の確実性について強調することにより、一般市民や国際社会の中に支援者を増やすこと。
③テロに対抗するためのすべての施策は本質的に完全に逆効果であると示唆することによって、政府や治安当局によるテロ対策を妨害すること。
④現実のまたは潜在的な支持者を動員し、煽動すること、それによってメンバーを増やし、資金を集め、次のテロ活動を準備すること。

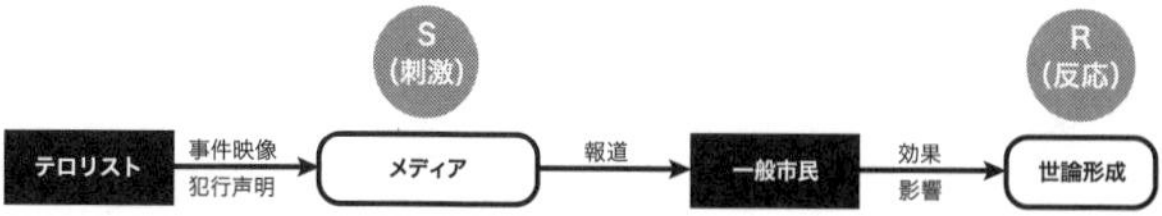

図表４　テロによる「恐怖説得コミュニケーション」のSR反応モデル

このウィルキンソンが挙げる一つ目の目的、ターゲットに対して恐怖心を発生させる効果を最大化させるのもメディアの役割である。このように、テロリズムが作り出す社会的インパクトは、社会心理学的な視点から見れば、恐怖を与えることによって自らの思うとおりに相手を説得し動かそうとする、「恐怖説得コミュニケーション」の構造を持っている（図表４）。テロリストが起こしたテロ事件が映像情報として、そしてその犯行声明が活字情報としてメディアを通じて受け手である一般市民に伝えられる。そのテロリスト（送り手）の発した「刺激Ｓ（Stimulation）」と、その一般市民（受け手）が示した「反応Ｒ（Response）」の関係が問題となる心理学的ＳＲ反応としてとらえることができる。そのＳＲ反応を媒介しているのがメディアの役割である。

この恐怖説得コミュニケーションの特徴は、恐怖の原因の問題性よりも、むしろ恐怖の結果を過大評価させることにある。そしてそのテロによる恐怖説得がメディアの存在により増幅されるのである。

　では、どうしてテロリズムとメディアの間にこのような関係が発生したのか、これからテレビを中心としたメディアが発達した戦後世界のテロにまつわる歴史をひもときながら、世界中でテロリズムが多様化し形を変えながら拡大していく過程について考察してみたい。

第四章　政治的コミュニケーションとしてのテロ――一九七〇年代以前

赤穂浪士はテロリストか?

日本の長い歴史の中で、最も有名なテロリズムは何かと問われたら、読者の皆さんは何と答えるだろうか。日本で発生したテロ事件は数多く、枚挙にいとまがないが、日本人の意識の中でよく知られ、そしてテレビや映画を中心とした映像メディアの中で最もよく作品化されるテロリズムを挙げれば忠臣蔵で有名な「元禄赤穂事件」を挙げることができるだろう。これはよく知られている通り、江戸城松之大廊下で発生した刃傷事件の責任をとって切腹した浅野内匠頭の仇を討つため、大石内蔵助を中心とする赤穂浪士四十七名が一七〇二年（元禄一五年）一二月一四日、吉良上野介邸に討ち入り、主君の恨みを晴らすという事件である。

この赤穂浪士の義挙をテロ事件と呼べば、日本人の中には違和感を持つ人が多いかも知れない。それほど、この赤穂事件は日本人の心の琴線に触れる人気の物語である。江戸時代からその赤穂浪士に対する人気は高く、当時は『仮名手本忠臣蔵』という歌舞伎の作品として評判となり、現代でも歌舞伎の人気演目のひとつとして愛されている。

しかしながら、この赤穂浪士の行為は当時の江戸時代においても明らかに逸脱的であり、事件後の赤穂浪士四十七名をどう処罰するかは、江戸幕府内でも大きな議論となったことはあまり知られていない。赤穂浪士を義士として遇して切腹を命じるべきか、あくまでも殺人犯として処刑すべきか、この事件が社会の注目を集めているだけに、幕府内の大論争に発展した。

現代の視点から歴史における過去の現象の是非を問うことは決して許されない。しかし、敢えて現代的な視点から見れば、江戸市中において堂々と武装した集団が、それがたとえ仇討ちだったとしても、一人の政府高官を暗殺する行為は客観的に判断するとテロリズム以外の何物でもない。実際、江戸時代において改易やとりつぶしにあった藩は多かったが、このような事件を起こした藩は他にはない。この事件以前に赤穂藩に流されていた兵学者であり武士道の思想を体系化した山鹿素行の思想的影響が指摘されることもある。

結局、そうした幕府の措置に対し、竹田出雲らによって創作された歌舞伎『仮名手本忠臣蔵』の脚本は、時代設定も江戸時代ではなく、南北朝時代の太平記を下敷きにした塩冶判官《えんやはんがん》高貞や高師直《こうのもろなお》の物語に設定を変えたストーリーとなっている。テロリズムとそれにまつわる社会背景の物語は、江戸時代からすでに庶民の中で消費されるメディア・コンテンツだったのである。そして日本には、赤穂浪士の行動は義挙であり、テロリズムとはみなされない歴史的文化がある。この文化が日本におけるテロリズム対策を難しくしているという側面もある。

要人暗殺テロ

元禄赤穂事件がそうであるように、日本だけに限らず、世界中で歴史的に最も古い形態のテロリズムは暗殺テロである。欧米のテロリズムに関する専門書で紹介される歴史的テロリズムの事例は共通している。「テロリズム（terrorism）」という用語と概念が近代において発生したのは、フランス革命である。そのことについては後ほど詳しく述べるが、そのフランス革命以前にテロリズム的な現象がなかったわけではない。

テロリズム的行為の歴史は古く、記録が残っているものだけをみても、紀元五〇年代には、ローマ帝国の支配下にあったユダヤ教徒が、キリスト教を国教とするローマ帝国によってなされた宗教弾圧に対して行った抵抗運動にテロリズムの源流が見られる。そのユダヤ教のゼロテ派（熱狂者 Zealotsの意）は、ユダヤの神による国家を建設するために、民衆に紛れながらローマ人の暗殺や、施設の破壊を繰り返したという。このテロリズムはその時代に決して報われることはなかったが、彼らの要求は約一九〇〇年後に、シオニズム運動の高まりからイスラエル建国によって実現することになる。

また、イスラム教イスマイリ派によるニザリ教団（暗殺者教団）は、一一世紀のペルシャにおいて、彼らを弾圧するセルジューク・トルコに対して徹底した暗殺や破壊活動を続け、ついには独立国家を築いた。暗殺を意味する「アサシン」の語源はここから来ていると言われている。このように、歴史をさかのぼると古いテロリズム形態は、社会を混乱に陥れるための暗殺に起源を持つことがわかる。

日本でも、先ほど紹介した元禄赤穂事件以後にも、歴史的に有名なテロ事件は多数ある。幕末期において水戸脱藩浪士によって引き起こされた大老井伊直弼の暗殺事件である桜田門外の変も要人暗殺テロである。幕末から明治、大正、昭和にかけての日本の歴史的変動期においては、たくさんの要人暗殺テロが発生した。明治の元勲の一人である大久保利通も不平士族によって東京紀尾井坂において暗殺された。日本の初代内閣総理大臣である伊藤博文もハルビン駅で朝鮮人の安重根によって暗殺された。幕末の長州藩において低い身分にあったにもかかわらず、松下村塾で吉田松陰の教えを受けたことによって討幕運動で活躍し、明治時代の日本を支えた元勲である伊藤博文が殺されたこの事件は、日本から見れば要人暗殺テロリズムであるが、韓国において安重根は日本の帝国主義と戦った民族主義の英雄である。見方や立場が変われば、事件の解釈が異なる。これがテロリズム問題の難しいところである。

このように、日本には自らの命を捨ててテロリズムを実行することによって政治的状況を打開、または変革しようとする文化が歴史に根付いている。一九三二年に海軍中尉三上卓を中心とした青年将校が犬養毅首相を暗殺した五・一五事件が発生し、犬養首相が残したという「話せばわかる」という言葉と「問答無用！」という返答もまた有名である。まさにこの要人テロは言論を封殺する「問答無用」のテロリズムなのである。また、一九三六年に陸軍皇道派青年将校によって起こされたクーデター事件である二・二六事件では、岡田啓介首相をはじめとする七人の政府首脳が襲撃された。決起将校らは永田町、霞ヶ関一帯を占拠したが、彼らに対して「下士官兵に告ぐ」と題された投降を呼びかけるチラシやラジオ放送が政府によって使用された。投降の説得コミュニケーシヨンである。このクーデターにおいてラジオというメディアは鎮圧のために使用された。ここで、二・二六の決起将校が当時最先端の放送メディアであるラジオ局をおさえなかったことが、クーデター失敗の要因のひとつであるという指摘もある。ラジオ局をおさえれば、決起将校たちは自分たちのクーデターの大義名分を政治家や国民に対して直接表明することができたのである。革命やクーデターにおいて、テレビやラジオなどのメディアを接収して利用するという戦術は、現代の常識となっている。

日本の文化の特徴は、彼ら青年将校らにも言い分があった、決起した理由があったということを斟酌するところである。彼らの行為は紛れもなく要人暗殺型テロリズムであるが、そこに彼らの正義感や義侠心を読み取ろうとする文化が日本にはある。イラク戦争に反対し、反戦思想家としても『非戦』(幻冬舎)などを監修した音楽家の坂本龍一でさえ、村上龍との対談集『EV.Café——超進化論』(講談社)の中では、五・一五事件主犯のひとりである三上卓が作詞した「青年日本の歌」(昭和維新の歌)を音楽的に評価しているくらいなのである。

政治的闘争という大義名分を持つテロリズム

テロリズムがただの人殺しとは区別される理由はここにある。テロリズムには政治的要求を持つ、政治的闘争であるという大義名分があるのである。テロリズム研究で有名なアレックス・シュミッドは、テロリズムを暴力による政治的コミュニケーションの過程としてとらえている。このように、要人暗殺テロにおいても、政治的コミュニケーションという側面があり、そのコミュニケーションの構造は**図表5**のように示すことができる。テロリストが要人を暗殺することによって、政治的状況に何らかの影響を与えるという行為である。そしてそのテロリストの主張がメディアによって社会に報道されることによって、その大義名分が社会に浸透していく。それは言葉よりも肉体と暴力を用いたコミュニケーションということができる。

この傾向は日本において戦後もしばらく続いた。一九六〇年一〇月一二日に日比谷公会堂で日本社会党委員長であった浅沼稲次郎が演説中に右翼少年によって短刀で刺殺された。この様子は当時のテレビニュースやニュース映画で伝えられ、日本において映像で放送された最初の要人暗殺テロとなった。テレビ放送は日本において一九五三年にスタートしているが、その後、一九五九年の皇太子殿下ご成婚や、一九六四年の東京オリ

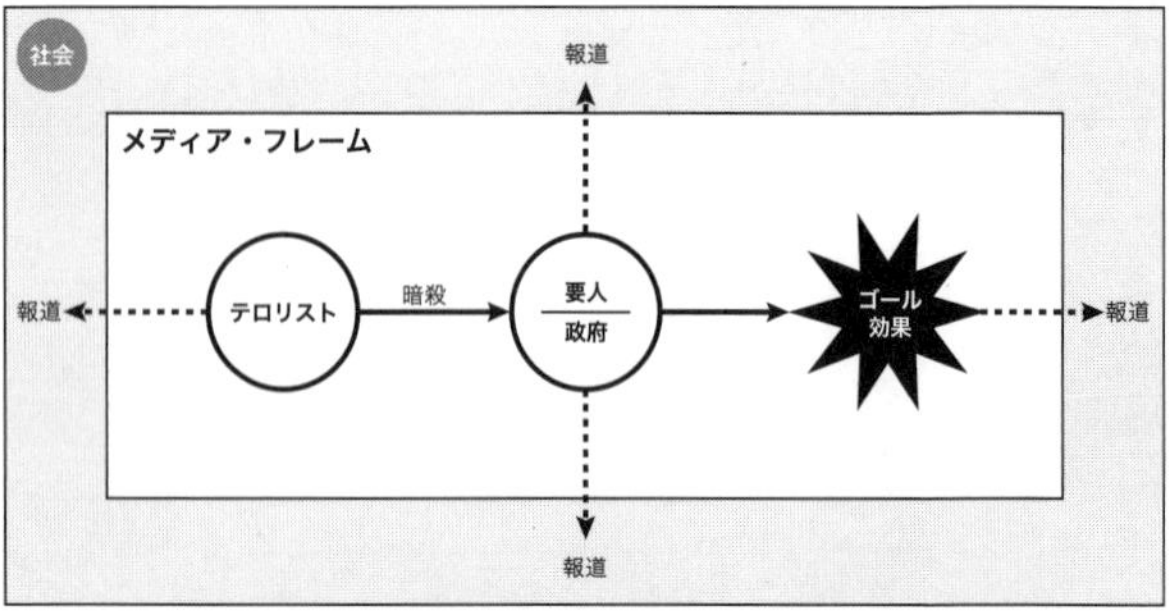

図表５　「要人暗殺テロ」のコミュニケーション構造

ンピック開催などのメディアイベントによって日本の家庭にテレビが普及しつつある過程において発生したのが、このテロ事件であった。

その後、要人暗殺テロは日本において相対的に少なくなったが、二〇〇二年一〇月、民主党の石井紘基議員が自称右翼によって殺害された事件は記憶に新しいところである。石井議員は特殊法人改革を中心にした行財政改革問題を追及していたため、事件当時から背後に影の存在が潜む政治的テロリズム説が指摘されていたが、右翼の男は私的怨恨を動機として主張したままであり、捜査や裁判においても真相は闇のまま葬られた。国民の代表である政治家の命がテロリズムによって奪われることは、決して許されることではない。

日本だけでなく、戦後も世界中で要人暗殺テロは発生した。その中でもアメリカのジョン・F・ケネディ大統領暗殺事件は世界で最も有名な要人暗殺テロであるといえる。一九六三年一一月二二日テキサス州ダラスにおいて、オープンカーによるパレード中にケネディ大統領は銃殺された。アメリカからの衛星を使った国際テレビ中継で、初めて日本に届けられたニュースが、このケネディ大統領暗殺事件であった。日本人だけでなく、世界中の人々がこの大統領の暗殺テロの映像を茶の間のテレビで視聴したのである。この映像が世界に与えたインパクトは計り知れない。テロリズムがテレビというメディアによって世界中に中継される時代が到来したのである。この事件はそれを象徴したテロ事件であった。

要人暗殺テロの特徴は、テロリストの暗殺の対象となるターゲットがはっきりとしているという点である。ターゲットは、政治家など権力の側にいる要人に限られるのである。しかしながら、この衛星中継という国際的なテレビ・ネットワークの構築が、テロリズムに新しい展開を作り出す。新しい現代的テロリズムの誕生である。

要求型テロとしてのハイジャック事件

一九六八年七月二三日に、ロンドン発テルアビブ行きのイスラエル・エルアル航空ボーイング707型機を、パレスチナ解放人民戦線（PFLP）がハイジャックした。このハイジャックにおけるPFLPの目的は、イスラエル政府に拘束されているパレスチナ人の釈放、イスラエル政府との直接交渉という二つの要求であった。このハイジャックには、新しいテロリズムの時代をもたらした三つの側面がある。

①要人ではない一般市民の乗客を人質にとった無差別テロである点。
②パレスチナ人が、ロンドン発のイスラエル機をハイジャックし、衛星中継によって世界にテレビ放送されたという国際テロリズムの始まりであるという点。
③人質を取り他国政府に対して要求を行う要求型テロリズムであるという点。

このハイジャック事件は、政治目的の達成のために脅迫や要求を行う要求型テロリズムの初期の事例であるといえる。これは新しい形の政治的コミュニケーションであった。つまり、**図表6**のように、テロリストが被害者を拉致、誘拐などすることによって、人質を盾にとり、政府などの諸機関と政治的な交渉を行うテロリズムである。これは要求型テロによる直接的な効果である。

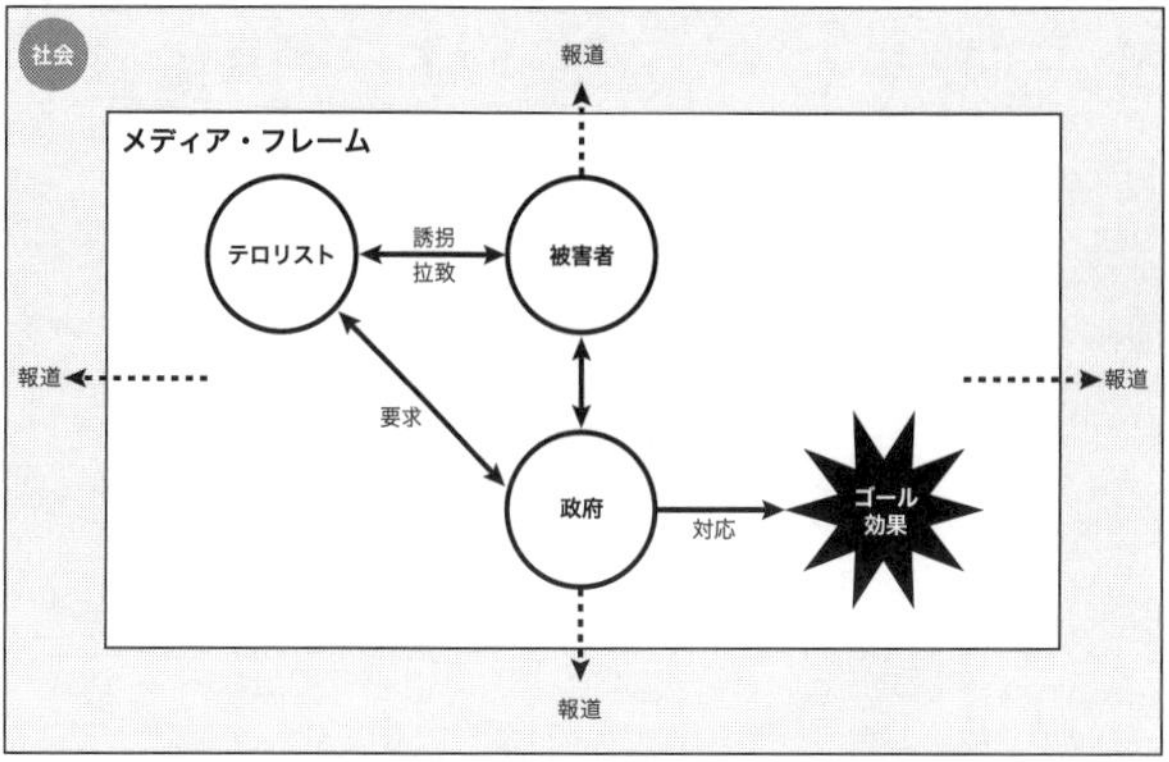

図表6「要求型テロ」のコミュニケーション構造（ハイジャック、人質テロ事件）

そして、テロリズムとメディアの関連で言えば、その派生的な効果として、事件がメディアによって世界に報道されることによって、PFLPの犯行声明や要求が世界に伝わり、パレスチナ難民がおかれている状況を知らしめたという宣伝効果が発生した。このような要求型テロリズムの形をとる政治的コミュニケーションも、**図表6**のようにメディアによってフレーム化され、社会に報道される。テロリズムを決して肯定することはできないが、その反面、このテロ事件とメディア報道によって、世界中の人々が、パレスチナ難民の窮状とパレスチナ紛争の状況を知ることができたのである。これは要求型テロにおいて、テロリズムとメディアの相互作用がもたらす問接的な効果であるといえる。その点において、ＰＦＬＰはこのハイジャックによって、最大級の宣伝効果を発揮したことになる。この闘争の結果、パレスチナ解放機構（ＰＬＯ）は、国際社会の中で市民権を獲得した。しかしながら、その反面、こうしたテロリズムを用いた政治的闘争の成功は、七〇年代以降の世界で、テロリズムを頻発させることの原因となる。

このハイジャック事件が発生した一九六八年が、現代的テロリズムの時代の到来を示すターニング・ポイントであったことは、ブルース・ホフマンをはじめとするテロリズム研究者が指摘するとおりである。

それを可能にしたのは、六〇年代以降の欧米を中心にした科学技術の進歩である。まず、一般市民がジェット機を使用できる時代の到来により世界が国際化した。また、米ソのロケット開発競争と共に、人工衛星の技術が発展した。六五年にはアメリカで本格的な商業衛星が打ち上げられ、テレビの衛星中継の技術が飛躍的に進歩した。そして、そのテレビの受像器が世界中で普及し始めたのである。こうした条件が世界に広がったとき、国際テロリズムはそのメディア技術を基礎にして発生したということができる。

このようにテロリズムは、技術の進化によって、政治体制や社会背景とともに変わり続けるのである。

ダッカ事件～一般市民一五六人対テロリスト九人

七〇年代は、日本にとってもハイジャックというテロリズムに揺るがされた時代であった。その幕開けは、有名なよど号ハイジャック事件である。これは日本で発生した初めての本格的ハイジャック事件であった。一九七〇年三月三一日、共産主義者同盟赤軍派の九人が、東京発福岡行き日本航空351便ボーイング727型機よど号において乗員乗客一二九人を人質に取り、北朝鮮の平壌に行くことを要求した。日本国民はその事件の経過に目を奪われた。日本においても、テロリズムがメディア報道によって消費される時代が到来したのである。

このよど号グループは、最終的に北朝鮮への亡命に成功した。乗客乗員やその身代わりとなった山村新治郎運輸政務次官は解放され、無事帰国した。日本でも、ハイジャックによる人質テロは見事に成功し、その経過はありのままメディアによって世界に伝えられた。日本政府の失態である。日本でのハイジャック事件の成功は、ハイジャックというテロリズムの手段が要求型の政治闘争に有効であることを証明してしまった。これら一連の七〇年代前半における左翼運動によるテロリズムは、日本においては過激派による反体制運動の終息への流れとして見なされがちであるが、それは間違っている。国際的な視点から見れば、テロリズムが過激化し、世界に拡散し国際テロリズムに変容した重大なターニング・ポイントであり、スタート・ラインなのである。

その証拠に、その後も七〇年代の日本に関連したハイジャック事件は続発した。このハイジャックをテロリズムの手段としてもっとも活用した日本人のグループは、日本赤軍である。一九七七年九月二八日、日本赤軍の五人のグループがインドのムンバイを離陸直後、パリ発東京行き日本航空472便をハイジャックした。そして、その乗員乗客一五六人の命とひきかえに、日本赤軍は日本政府に対し、身代金六〇〇万ドルと、逮捕収監中の仲間の九人の釈放を要求したのである。これは、無実の一般市民である乗客乗員を標的にした無差別人質テロである。一般市民一五六人の命と、収監されているテロリスト九人の命を天秤にかけた「命のかけひき」、これこそが要求型テロによる政治的コミュニケーションである。テレビや新聞などのメディアを通じて、日本中の人々がこの事件を見守ることとなった。政府はこの条件を受け入れるのか、人質の命はどうなるのか、人々はこのテロリズムのショーに対して、メディアを通じて傍観する以外なかったのである。

「今、タイムリミットは過ぎた。我々は予告通り、これから処刑を開始する」

これは、ハイジャック犯が交渉中に発した最後通告である。ギリギリまで続けられた犯人グループとの交渉もむなしく、議論は平行線に終わった。その後、当時の福田赳夫首相は「人命は地球より重い」という歴史的な名言を残して、「超法規的措置」のもと、犯人の要求を受け入れることを決断した。超法規的な「政治的決断」である。テロリズムは法律を超え、一国の権力者を屈服させる力を持つにいたった。このテロリズムの結果、九人のうち釈放に応じた六人と身代金と引き替えに、乗員乗客は無事に解放されたのである。このとき釈放されたテロリストの中には、クアラルンプールのアメリカ大使館占拠事件を起こした日本赤軍のリーダー、奥平純三が含まれていた。

「超法規的措置」という名目で、テロリストを釈放した日本。これが平和憲法の下、テロ対策の法制度もテロ対策部隊も持たない戦後民主主義の日本の姿であった。テロリズムに屈した、という世界からの批判を浴びることとなるのである。

TWA847便ハイジャック事件〜米国メディア総動員

一九八五年六月一四日、ヒズボラのメンバーがアテネ発ローマ行きのTWA847便をハイジャックした。いわゆる「TWA847便ハイジャック事件」である。犯人は二人のテロリストである。彼らはイスラエルに投獄されているシーア派テロリストの七七六人の釈放を要求した。この航空機はベイルートとアルジェの間を往復し、その間に乗客の女性や子どもが解放され、最終的にはベイルートにおいてアメリカ人三九人の男性だけが人質として残されることとなった。そこからこの事件は長期化することになる。

このベイルートでアメリカ人男性の三九人が解放されるまでの一七日間のあいだ、アメリカ中のメディアがベイルートに集結し、一日中この事件の情報を発信し続けた。ホフマンによると、アメリカの三大ネットワークであるABC、NBC、CBSにおいて、この一七日間において一日平均二八・八件、全体で約五〇〇件ものこのテロ事件のニュースが放映されたという。これらのテレビ局における夕方のニュース番組の三分の二が人質に関する報道に費やされ、八〇回以上の特集番組やニュース速報で、正規の番組放送が中断された。この中継を可能にしたのは、ベイルート入りした三大ネットワークの八五人にのぼるスタッフの力である。

これだけの集中的過熱報道によって、どのような現象が発生したのだろうか。テレビや新聞などのメディアは、人質のアメリカ人の素顔を詳細に紹介し、それだけでなく、この事件の背景にある犯人グループのテロリストに関連する説明や中東情勢の背景を詳細に伝えた。その結果として、CBS世論調査における「この事件では誰を非難すべきか？」という質問に対する回答を見ると、アメリカの対中東政策に対して「大いに非難すべき」が一一%、「ある程度まで非難すべき」が四〇%、「あまり非難すべきでない」が三一%という結果となったのである。アメリカ国民の過半数が、テロリストの声明、不満に同調していたことがわかる。

読者の皆さんは、「ストックホルム・シンドローム」という現象名をお聞きになったことがあると思う。これは人質事件において、人質が長く拉致、監禁されている間に犯人に対して同情、共感を示すようになる心理のことで、ある種の本能的自己防衛の心理操作から発生する。一九七三年にストックホルムの銀行人質立てこもり事件の人質の中にこの現象が発生したために名付けられた。このように、人質事件において、人質をとられた国民の側もメディア報道によって人質やその家族と同じ心理を共有することが可能となった。メディアの時代において、ストックホルム・シンドロームは人質だけでなく、その報道で事件に共感する視聴者の側にも発生する。メディア報道によって、テロ事件への批判の矛先は、テロリストに対してではなく、政府に向けられるという現象が発生するのである。

そして、テロリズムとメディアに関する専門家であるアレックス・シュミッドは、テレビ報道が三九人のアメリカ人の人質の価値をつり上げ、事件解決に大きな負の影響を与えたことを指摘している。その結果、国民世論を無視できなくなったロナルド・レーガン大統領は、イスラエル政府に対し、収監中の七五六人のテロリストを釈放させた。テロリストの命と一般市民の命を天秤にかけて比較することは決して許されないが、先ほどの日本のダッカ事件における人質一五六人対テロリスト九人という割合と比べると、人質三九人対テロリスト七五六人という割合は全く逆転しており、この事件で人質の人命の価値がインフレを起こしたことがわかる。

テロ対策にとってはこの結果は大失敗である。ベイルートにおけるテレビ局などの自由なメディア報道が、集中的過熱報道を生み、それを視聴して心理的に反応した国民世論を無視できなくなったレーガン政権がテロリズムの前に屈したのである。しかしながら、メディアやジャーナリズムにとっては、この結果は大成功である。なぜならこれらの報道は非常に高い視聴率を獲得し、世論調査の結果、八九%のアメリカ国民がこれらのテレビ報道を支持したからである。

なぜアメリカ国民はここまでこの人質テロ事件に夢中になったのだろうか。ホフマンはこの点に関して、ユニークな指摘をしている。この事件の一七日間、アメリカ政府による対応や、解決に向けたレーガン政権による交渉の過程といった事実関係の「ハード」なニュースが半分以下であったのに対し、人質と家族の談話など「ソフト」なニュースが全体の三分の一を占めたというのである。一七日間で事件に進展のない日までベイルートに大量のスタッフがいる限り、記者たちは毎日何かを伝えなければならない。そのために、彼らは「ニュースになる話を探した」。その結果が、テロ事件報道のソフト・ニュース化であった。人質と家族に関する人情話が、アメリカ国内の視聴率を獲得し、視聴者に同情させたのである。

メディア報道が作り出すテロリズムのメディア・フレーム

このように、人質またはその家族に焦点を当てたメディア報道によって、国民の世論は影響を受けることがある。テロ報道のサウンドバイトのなかでも、人質やその家族のように具体的な人物の映像、音声が紹介されるものを「イグゼンプラー」という。イグゼンプラーの使用によって個人に焦点を当てたニュースフレームがメディア報道のなかで構築され、その個人的なニュースフレームが、視聴者の心理的反応を引き起こす。それが人質に適用されれば、人々は人質に同情し、テロリストに適用されれば、人々はテロリストにさえも同情することができる。テロリストにもその行動に至った重大な理由がその背景にあるからである。ニュースフレームのあり方がその視聴者の世論に影響を与えるフレーム効果は、重大なメディア効果の一つである。

社会的諸問題に関するテレビニュースの報道が、一般の視聴者に対し、その問題の「フレーム」を提供し、そのテレビニュースのフレームが、視聴者の判断に影響を与えることを、メディア研究者のシャント・アイエンガーは、「フレーム効果」と呼んでいる。そのテレビニュースのフレームは、さまざまな社会問題に関する解説的視点を提示しており、そこから視聴者は自らの判断や態度を形成している。

アイエンガーによれば、ニュースのフレームには、「テーマ型フレーム」と「エピソード型フレーム」がある。テーマ型フレームとは、社会問題のマクロで抽象的、全体的、データ的な描写を指し、さきのTWA847便ハイジャック事件でいえば、テロリストと交渉するアメリカ政府の対応などのハード・ニュースである。それに対し、エピソード型フレームとは、ミクロで具体的、個別的事例やエピソードを中心にした描写のことで、先の事件で言えば、人質やその家族の個人的なエピソード、談話などのソフト・ニュースがそれにあたる。

アイエンガーによると、イグゼンプラーの使用はその問題に対するテーマ的なフレームよりも、エピソード的なフレームを設定すると指摘している。この人質家族のイグゼンプラーの多用こそがフレーム効果を発生させ、このテロリズム報道をテーマ型フレームから、エピソード型フレームへ転換させる。つまり、メディアが設定したフレーム次第で、視聴者がもつ印象や心理的反応を操作することが可能なのである。このテロ事件において、マスコミがエピソード型フレームの報道を開始した時点で、事件の結論は決まったと言っても過言ではない。それほど、テロ事件におけるメディアの果たす役割は大きいのである。

イランのアメリカ大使館人質事件～典型的な要求型テロリズム

これまで、ハイジャック事件における政治的かけひき、政治的コミュニケーションを考察してきたが、この問題の構造はハイジャック事件だけに限定されるものではなく、その他の人質事件にもあてはまる。

一九七九年一一月四日、イランのイスラム神学生がアメリカ大使館で五〇人以上のアメリカ人を人質にとった人質テロ事件が発生した。この背景には、同年二月に起きたアヤトラ・ホメイニ師によるイラン革命がある。イスラム教シーア派によるイスラム原理主義国家の誕生であった。犯人グループは、この革命でアメリカに亡命した前国王パハラビ・レザー・シャーの引き渡しをアメリカ政府に要求した。

この事件の中で犯人グループはメディアの重要性に気づいた。彼らは大使館の未公開文書をテレビ局に提供する代わりに、テレビ局が彼らの言い分を編集せずに五分間放送するという条件を提示し、放送時間の買収を図ったのである。事件の犯人であるテログループが、メディアの重要性に気づいたように、メディアもまたこの事件の重要性、テレビ番組としてのニュースバリューの高さに気づいていたといえる。その結果、テレビ各局が競ってこの人質事件の報道を行った。

テロリズムとメディアの専門家であるブリジット・ナコスは、このイランで発生したアメリカ大使館人質事件の発生期間中に放送された三大ネットワークのニュース番組の内容分析を行った。事件発生以降、ABC、NBC、CBSの三大ネットの夕方のニュース番組には、人質に関する長い特集リポートも多く含まれていたという。彼女の分析の結果、一一月は、ABCでは夕方ニュースショーの五四％、CBSニュースの五〇％、NBCニュースの四八％を人質に関するソフト・ニュースが占めていたという。またその報道がこれまでの事件報道と異なり特徴的であったのは、人質の家族がテレビニュースに大量に登場したことであった。

ナコスは、『CBSイブニングニュース』の内容を書き起こしたトランスクリプトをもとに、テレビニュースにおける人質の家族の登場が、このテロ事件の社会的反応、テロ対策にどのような影響を与えたかを考察している。

ジャクリーン・アダムス「九三日間も待たされた後だけに、人質家族は、国務省に対して単に『大丈夫です』という言葉だけでなく、もっと具体的な進展を期待しています」
ケネス・ティム（人質の義父）「九三日も待ったあげくに、事件発生当初から交渉がほとんど進んでいないことを聞かされるなんて、本当にがっかりです」
アリッサ・キオー（人質の娘）「いい加減にして欲しいです。中身のない話ばかりで、何

もないに等しいわ。皆もう何も聞きたくない気持ちよ。国務省に馬鹿にされた、政府に馬鹿にされたと感じている家族も少なくないわ」

この人質事件発生から初期の段階では、メディアはテロ事件の経過と政府の対応を中心に報道していたが、徐々にその報道は、テロリストの背景、人質に関する詳しい情報、人質の家族の問題などに変容していったことを、ナコスは指摘している。こういった人質家族のイグゼンプラーの使用が、エピソード型フレームを発生させることは、一般的な傾向のようである。こうして、メディア報道の多くが人質の家族にフォーカスを当て、人質家族の不平不満が多く報道されるエピソード型フレームを構成したことが、いつまでも人質を救出できないジミー・カーター大統領に対する不満が世論の中に高まっていく原因の一つとなったと考えられる。その後、イラン側が人質解放の四条件を示し、それにアメリカ政府が譲歩した形で、一九八一年一月、一年二か月ぶりに人質はやっと解放されたのである。

シャント・アイエンガーとドナルド・キンダーは、このアメリカ大使館人質事件について、テロ報道が視聴者の政権支持に大きな影響を与えたことを調査により明らかにした。この時期から、アメリカにおけるテロ対策という政策が、政権支持を決める非常に重要な政策の一つになったのである。民主主義的なプロセスによって、テロリズムの問題がアメリカにおいて重大な争点となり、テロ対策が重要な安全保障政策のひとつとして認知されたのが、この七〇年代の終わりのことであった。

第五章　恐怖と不安を充満させるテロリズム――一九八〇年代

フランス革命～「Terror＝恐怖」による社会不安

ブリジット・ナコスは、テロリズムの究極的な目標は、テロ事件を起こすことによって、①社会からの注目を集めること、②自分たちの存在を認知させること、③尊敬の念と要求の正当性を認めさせることであるとしている。日本のテロ対策研究の第一人者である防衛大学校の宮坂直史教授は、テロリストの目的、動機について、①「見てほしい」（注目の獲得）、②「聞いてほしい」（大義名分・犯行声明の伝播）、③「怖がってほしい」（恐怖、不安の増大）、④「騒いでほしい」（社会の騒乱）の四点であるとしている。

ここで重要なのは、テロリズムが社会に与える恐怖であり、テロリズムの語源、「Terror」とはまさに恐怖のことである。このテロリズムという近代的な概念が誕生したのは、先述したように、フランス革命の時代である。一七八九年七月一四日、パリの民衆によるバスチーユ牢獄襲撃が契機となったフランス革命における一連のプロセスによって、ジャコバン派政権が誕生した。そのジャコバン派のマクシミリアン・ロベスピエールによる恐怖政治こそが、このテロ、テロリズムという概念を生み出したというのが通説である。ロベスピエールは、「民衆を理性で導き、民衆の敵を恐怖で圧すること」が必要であると演説で述べている。つまり、民衆の革命によって作られたこの革命政権を守るためには、その民衆のために、革命政権の敵から恐怖によって守らなければならない、という論理である。この民主主義と国家の関係が持つダイナミズムの中に、テロリズムの本質が横たわっている。このフランス革命におけるテロリズムを、国家による白色テロリズムと一面的に断定することも、革命を成就した民衆の圧力によると一面的に断定することも間違っている。その両方のベクトルが相互作用しぶつかりあう闘争の過程がテロリズムであって、その意味においては、テロリズムは国家によっても利用され、個人の武器ともなり、日常の中にも現れながら、戦争状態という非日常にも結びつくダイナミックな過程としてイメージする必要がある。

そうした闘争によって、社会に恐怖や不安が蔓延していく過程、これがテロリズムの社会的効果である。ジャコバン派によって弾圧、処刑された犠牲者と、ギロチンのイメージ、その恐怖のイメージが社会を覆う状態、これこそがテロリズムのひとつの目的である。人々はその恐怖の中で、不安を抱えながら息を潜めて生きることになる。テロリズムはその後、社会に恐怖と不安を広めるための手段として、利用されてきたのである。

グリコ・森永事件～メディアを利用した社会不安型テロと劇場型犯罪

ここ数年、日本での食品の産地偽装、汚染米問題や、中国からの毒入り餃子事件、メラミン混入ミルクなどの食品被害によって、食品の安全の問題が取り沙汰されている。これは世界的現象であり、もはや私たちが毎日口にしている食品までもがリスクの対象となり、その安全を疑わなければならない時代に突入した。自分だけでなく、家族が食べるものに対して不安を抱えて私たちは生活している。

しかし、これらの現象は近年発生した新しい事象ではなく、日本では産業社会化が進展した戦後一九五〇年代からあった。例えば、一九五五年頃に西日本を中心に発生した森永ヒ素ミルク中毒事件では、森永による生産過程でヒ素の混入した粉ミルクを飲んだ乳幼児の約一万二〇〇〇人が発症し、約一三〇人が死亡した。一九五六年に熊本県水俣市で発生した水俣病、一九六八年にはカネミ油症事件、二〇〇〇年代に入ってからも雪印集団食中毒事件が発生している。これらの事件は一般的なテロリズムとは異なる企業の業務上過失による事件であるが、経済発展の過程における産業社会において、企業の安全管理が徹底されなかった結果、一般市民に甚大な被害を出し、社会不安を広めた典型的な事例である。

食品や生活の安全が損なわれる可能性があるのならば、全ての過程が監視され、規則によって管理されなければならない。これが、リスク社会学で有名なウルリッヒ・ベックが指摘した再帰的近代化がもたらす帰結である。その意味で言えば、究極の近代化の果てにリスク社会がやってくるのは避けられない運命なのだ。そして、ベックも指摘するように、この食の安全の問題はテロリズム対策と同じ構造を持っている。テロリズムを監視、抑制するのと同じように、食品の安全を監視し、トラブルを抑制しなければならない。もしこの二つの問題が結びつき、私たちが毎日口にする食料や水がテロリズムの対象となったら、社会にどのようなことが起こるのだろうか。安心してまともに食べ物や飲み物を口にできない不安が社会に充満するはずである。それは、フィクションではない。すでに日本が経験したことのある現実なのである。

一九八〇年代に入って、日本では社会を震撼させる事件が発生した。日本初の無差別食品テロともいえる、グリコ・森永事件である。八四年三月、江崎グリコの江崎勝久社長が、兵庫県西宮市の自宅から誘拐、その後保護される。その後発生した一連の食品テロ事件が、グリコ・森永事件である。「かい人21面相」と名乗った犯人グループの「脅迫状」や「挑戦状」は、企業だけでなく、マスコミ各社に送りつけられ、報道によって、人々もそのメッセージを読むこととなった。

実際、この脅迫状、挑戦状をそのまま新聞紙面やテレビ画面で紹介することが、犯人グループにメディアが利用されたことになるため、そのメッセージをそのまま報道すべきかどうか、メディア内部でも議論がなされたが、社会全体がターゲットとなっている以上、それぞれのメディアはこれらを報道する決断をしたのである。

「グリコは　なまいき　やから　わしらが　ゆうたとおり　グリコの　せい品に　せいさんソーダ　いれた」

「グリコを　たべて　はか場え　いこう　かい人21面相」

これにより、ある特定の食品企業を対象とした脅迫事件から、無差別性が拡大して一般市民全体、社会全体を標的とした食品テロ事件へと変貌したのである。警察は、コンビニでの防犯カメラの映像と、いわゆる「キツネ目の男」の似顔絵を公開した。七〇年代に「テロリズムは劇場である」と指摘したのはジェンキンスであるが、そのことを知

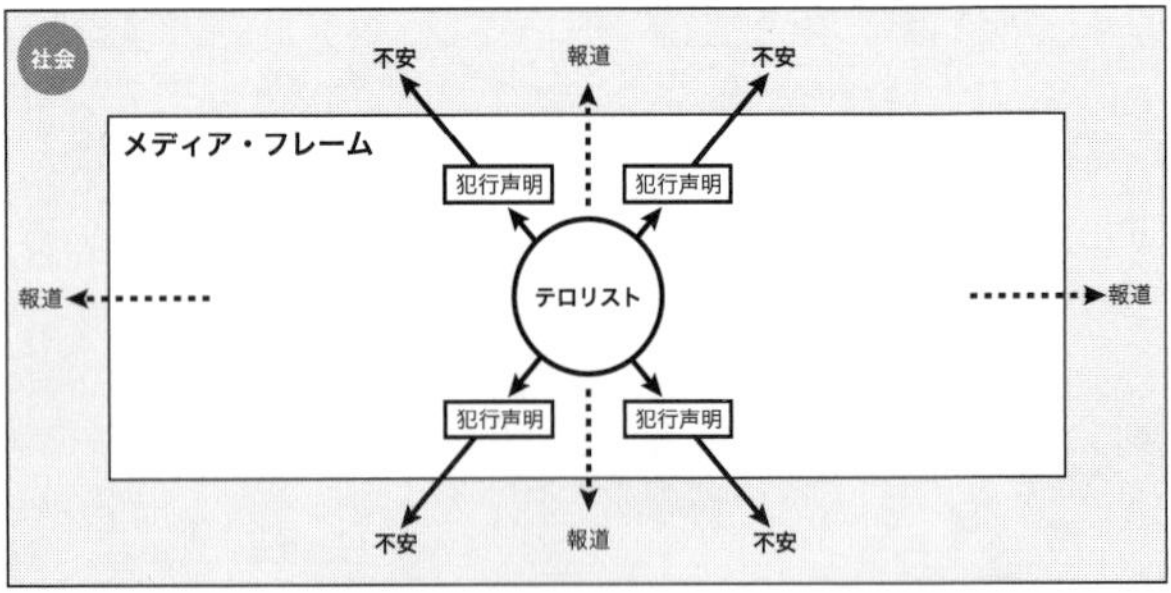

図表７　「社会不安型テロ」のコミュニケーション構造

ってか知らずか、この事件は「劇場型犯罪」と名づけられ、この言葉は一般化していく。「かい人21面相」の脅迫状や挑戦状によって、テレビ局も新聞社もメディアは振り回された。警察をあざ笑い、社会を混乱させるため、犯人グループは徹底的にメディアを利用したのである。

このテロリズムは、メディアを巧妙に利用しながら、社会にメッセージを発信し、社会全体に対して無差別に恐怖や不安を与えることに成功している。このような「社会不安型テロ」のコミュニケーション構造を示すと、図表7のようになる。社会の一般市民全体が人質にとられたような形となり、犯人グループが発するメッセージによって、警察や企業、スーパーは振り回され、社会に不満と不安だけが増大するのである。

この事件は、週刊誌やテレビのワイドショーのかっこうのコンテンツとなった。しかしながら犯人は逮捕されず、時は経ち二〇〇〇年に時効が成立した。真相は闇の中であるが、それだけに当時からメディアの中でさまざまな憶測が発生し、そのことが視聴者の関心をつかみ、またこの事件の恐怖、不安を高める要因となった。この犯人グループとともに、メディアは社会に恐怖と不安を拡大させた張本人でもある。

連続企業爆破テロ事件～世界に先駆けた日本の現代的社会不安型テロリズム

こうした社会に不安と恐怖を与えることを目的としたテロリズムは八〇年代に顕在化したが、七〇年代にもすでにその原初的形態を見ることができる。七〇年代に日本で発生した連続企業爆破テロ事件もそのひとつである。これらは左翼の過激派によるものであった。政治的コミュニケーションとして、特定の人質をとって政府に要求する要求型テロリズムとは異なり、罪のない一般市民をある日突然爆弾で大量に殺すという、無差別に一般市民をターゲットとした無差別テロの始まりである。何気ない日常性の中で、私たちの誰もがその被害者となる潜在的な可能性を持っているのである。よって、このように社会を恐怖と不安に陥れる「社会不安型テロリズム」の源流は七〇年代の日本にあるということができるが、八〇年代のグリコ・森永事件のようにメディアを徹底的に利用した劇場型犯罪という段階にはまだ至っていない。

「狼通信第一号

一九七四年八月三〇日、三菱爆破ダイヤモンド作戦を決行したのは、東アジア反日武装戦線、狼である。三菱は旧植民地時代から現在に至るまで、一貫して日帝中枢として機能し、商売の仮面の陰で、死肉を喰らう日帝の大黒柱である。今回のダイヤモンド作戦は、三菱をボスとする日帝の侵略企業、植民者に対する攻撃である。狼の爆弾により爆死し、あるいは負傷した人間は、同じ労働者でも、無関係の一般市民でもない。彼らは日帝の中枢に寄生し、植民地主義に参画し、植民地人民の血で肥え太る植民者である。狼は、日帝中枢地区を間断なき戦場と化す」

一九七四年八月三〇日、東京丸の内の三菱重工本社前で爆弾が爆発した。重さにして四〇キロ、ダイナマイト四〇〇本分と見られる強力な爆弾がテロ事件で使用されたのは、史上初の規模である。通行人八人が死亡、負傷者三八〇人を超える大惨事となった。この「狼通信第一号」は、事件後、東アジア反日武装戦線「狼」を名乗るグループから出された犯行声明である。その後、三井物産や大成建設、間組などを狙った爆弾テロ事件が相次いだ。

これらは、犯行声明に書いてあるとおり、兵器産業やゼネコンなどの海外進出企業が狙われたものであった。この東アジア反日武装戦線「狼」は、爆弾闘争の教本である「腹腹時計」において、日本の新帝国主義、新植民地主義と戦うことを宣言している。特定の企業をターゲットとした爆破テロ事件であるが、犠牲者となるのはその周辺にいる街の通行人、または一般の従業員であり、明らかに無差別爆破テロである。

ポール・ウィルキンソンは、テロリストがテロの実行によって、敵と味方の二元論的な闘争区分を設定し、その劇場における観客をも巻き込んで中立を認めないという、無差別テロの特性を指摘している。中立を認めず、敵か味方かどちらかを一般市民に突きつける手段が、この無差別テロなのである。テロリストの味方にならないものは、すなわちテロリストの敵である。「狼」によれば、日本の一般市民も、日本の帝国主義や植民地主義に荷担している敵なのである。

東京都内のいたるところで、いつ爆弾が爆発するかわからない。「社会不安型テロ」は、こうして無差別に一般人を攻撃対象にすることによって、社会に不安を拡大させる闘争手段である。こうした無差別爆弾テロという手法は、イギリス政府との闘争を繰り広げたアイルランド共和国軍（ＩＲＡ）や、スペインからの独立を目指したバスク祖国と自由（ＥＴＡ）らによっても、七〇年代以降のヨーロッパで多用され、世界中で用いられる一般的な手法として確立されていった。

ユナボマーの連続爆弾テロ～自分の論文をメディアに掲載させたテロリスト

一九八〇年代前後のアメリカでも、社会を不安に陥れる社会不安型テロが発生した。社会不安型テロであり、かつメディアを利用したテロリズムの典型的事例といえるのが、有名なユナボマー事件である。このユナボマー（Unabomber）とは、爆弾を送りつける（Bomber）標的を、大学（University）と航空会社（airline）、空港（airport）関連に限定していたことでＦＢＩ（米連邦捜査局）によってつけられたニックネームである。

ユナボマーによる連続爆弾テロは一九七八年五月、イリノイ州ノースウェスタン大学に小包爆弾を送りつけた犯行から始まる。この爆弾テロにより負傷者が発生した。この最初の事件から、九五年四月のサクラメントの林業協会ロビイストを爆殺したテロまでの一七年間で、一六件の爆弾テロを実施し、死者三人、重軽傷者二三人を出すにいたった。捜査するＦＢＩは単独犯による事件と断定し捜査を進めたが、その解決には一七年の時間を要した。これはいわゆる「一匹狼型テロリズム」である。

このユナボマーは一体何者で、動機は何か、時間が経つと同時に謎は深まるばかりであった。その謎と沈黙を破ったのが、ユナボマーからの脅迫状による要求であった。ユナボマーは、九五年六月、ニューヨーク・タイムズとワシントン・ポストに対し、自分が執筆した論文『産業社会とその未来』(Industrial Society and Its Future) と追加記事を掲載しなければ、さらなる爆弾テロを実行すると脅迫したのである。テロリストの脅迫に屈してよいのか、言論の自由やジャーナリズム倫理の面から両紙社内では激論が交わされたが、FBIの勧告もあり、両紙は掲載を決定した。ニューヨーク・タイムズとワシントン・ポストはユナボマーの論文をそのまま掲載したのである。世界を代表する二大紙のメディアはたった一人のテロリストの要求の前に屈したのであった。

その論文は、現代の産業社会や科学技術を批判したものであった。環境破壊や人間疎外を生み出す近代化を批判した内容に対して、その記事を読んだ読者からはメディアに対しても数多くの反響があったという。その日の新聞の売上げは増加し、インターネットの中ではこのユナボマーを礼賛する論調も生まれた。犠牲者三名の尊い命と引き替えに、メディアを利用することで、ユナボマーは自分の思想を宣伝し、その同調者を増やすことに成功したのである。しかし、メディアにおける宣伝活動は両刃の剣である。この論文が世間に広まったおかげで、このユナボマーのプロファイリングが進み、彼の家族からの情報提供もあり、九六年四月、元カリフォルニア州立大学バークレイ校助教授のセオドア・カジンスキーが逮捕された。彼は、天才的な数学者として二四歳の若さで大学の助教授となったが、その後すぐ大学を辞め、ロッキー山脈の山小屋で隠遁生活を送っていたという。

この八〇年代に日米で発生した二つの事件、ユナボマーこと、セオドア・カジンスキーの一連の爆弾テロ事件と、かい人21面相によるグリコ・森永事件は、一見して無差別爆弾テロと、無差別食品テロという手段の違いがあるにもかかわらず、その反面で共通点は多い。それは、社会の一般市民を無差別に狙ったテロである点、少人数のグループかもしくは個人が、社会全体を敵に回して自分の思いをぶつけている点、そしてテレビや新聞などのメディアを意識的に利用している点などである。そこには、欧米を中心とした先進国において消費社会、大衆社会が出現した八〇年代に、その大衆という存在自体と、それを代弁し一体化したメディアに対して、復讐しようとする疎外された個人の存在がある。この八〇年代にはまだ、そのような個人が社会に対して自由に発言できる現在のような形のインターネットの状況はなかった。社会に対する復讐やからかい、妄想をぶつける場は、彼らにとってはテロという手段と、テレビや新聞などのメディアしかなかったのである。

そしてもうひとつ、このユナボマーの精神構造にはテロリストなどの反社会的な人間に典型的な特徴が見られる。この一連の犯行を、宮坂直史は「個人妄想テロリズム」と絶妙な名付けをしている。近代社会に対する不満、科学技術の進化が人間を疎外し、環境を破壊することに対する批判という建前（＝公的な社会正義）と、自分が子どもの頃から病弱でかつ、内向的な性格であったため、社交性が育たず、孤独感、孤立感を深めていった個人的な社会への怨念という本音（＝私的な怨恨、ルサンチマン）の部分が二重構造として結びついて存在している。社会に対して牙をむく本当の動機は、私的な怨念であっても、そのテロリズムを正当化させるために、大義名分としての建前を理論武装していく。もしくはその逆の構造があったとしても、これは例えばまさに「鶏と卵」の関係であって、その二つのレベルの相互作用によってテロリストの言動のラディカリゼーション（過激化）は進展するのである。

このような特徴は、多くのテロリストに共通してみられる特徴のひとつであり、例えば、日本ではオウム真理教教祖の麻原彰晃にもこのような精神的な二重構造が見られる。オウム真理教の教義の中には、仏教の密教的側面、キリスト教的終末観、ハルマゲドン、似非科学など多様なものがごった煮となっているが、その根底になっているのはやはりユナボマーと同じ「近代批判」である。「有名大学や大学院を卒業したエリートがなぜオウム真理教に入信するのか」といった愚問がメディアでも繰り返されたが、環境破壊や医療倫理、科学技術信仰に対する疑問をもった若者の心理を救済する受け皿は、八〇年代の後半から大学に深く浸透したオウム真理教と教祖麻原彰晃、その教義の中にあったのである。筆者が学生時代を送ったバブル全盛の時期、八八年には東京大学駒場キャンパスなどいくつかの大学ではすでに、「最終解脱者・尊師・麻原彰晃」の文字や絵、写真がPRされた立て看板が数多く見受けられた。バブル全盛の浮かれた大衆消費社会の中で、消費社会に対して私的怨恨を持つ学生、そして近代社会に疑問を持つ学生たちをリクルートしたオウム真理教は急速に拡大する。こうした信者たちの意識の中にも、私的怨恨と、近代社会批判の二重構造があり、それが教祖や教義の体系とマッチしたのである。彼らが社会全体、一般市民全体に対し無差別に敵意を持つのは当然の帰結であった。こうして、彼らオウム真理教は九〇年代に入って、たくさんのテロリズムを実行することになる。

赤報隊事件、米炭疽菌事件～テロリズムの標的ともなったメディア

こうした一九八〇年代の一連の社会不安型テロに共通しているのは、テロリストがメディアを利用することが巧みになったという点である。テロリストにとって、メディアは社会不安を拡大させるための道具であり、パブリシティとして利用すべき存在なのである。その傾向は七〇年代から少なからずあったし、テロリズムの根本的な意義の中にこの点は含まれているが、その傾向が八〇年代において極限化したということができる。それはメディアの進歩と大衆消費社会の高度化という社会的状況によるところが大きい。それを典型的に示す事例が、アメリカでは一九八五年のTWA847便ハイジャック事件やユナボマー事件であり、日本では一九八四年のグリコ・森永事件であった。

この八〇年代におけるテロリストがメディアを利用する三者関係をモデル化すると図表8のようになる。テロリストが意識的にメディアを利用することによって、間接的にオーディエンスである一般市民に対して、社会不安は拡大していくのである。

そして、テロリズムとメディアの関係は、「利用し」、「利用される」だけではないこ

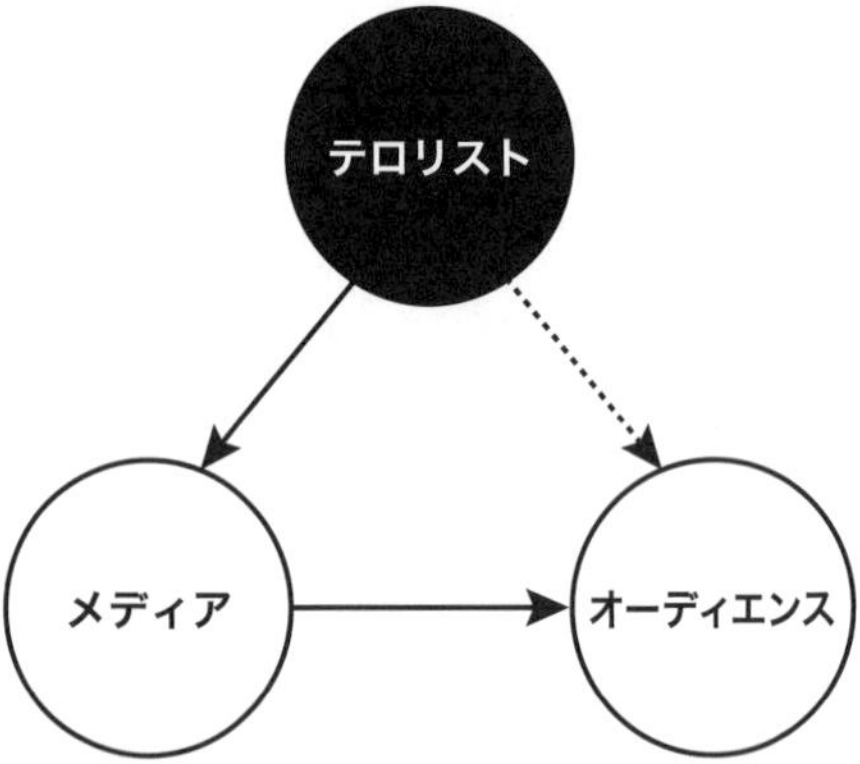

図表８　テロリストがメディアを利用する三者モデル

とも指摘しておかねばならない。両者の関係には、「攻撃し」、「攻撃される」という関係もあるのである。テロリストは、メディアを利用するだけでなく、攻撃の対象とすることも多い。

記憶に新しい事例を挙げると、二〇〇八年七月には、一連のアメリカ炭疽菌事件が容疑者の自殺による被疑者死亡という形で幕引きとなった。この事件は、二〇〇一年の9・11テロ事件の直後、政府機関や新聞社などメディアに対して、生物兵器としても使用される炭疽菌が混入された封筒が送りつけられ、五人が死亡し、一七人が発症したという事件である。これは明らかに政治家やメディアを標的にした生物兵器テロであり、相次ぐテロに全米が一時パニック的反応を引き起こし、社会不安が増大した。当初は、アルカイダなどイスラム系テロ組織の犯行という見方が優勢であったが、警察の捜査の結果、米陸軍感染症医学研究所に所属していた炭疽菌研究のブルース・アイビンス博士による単独犯行であることが判明した。炭疽菌研究が政府によって打ち切られることを恐れたこと、研究が進まず精神状態を崩していたことが原因としてあげられている。

この一連の事件で、二〇〇一年九月三〇日にフロリダの「アメリカン・メディア・インク」の写真部社員が炭疽菌入りの手紙で吸入炭疽を発症、続いてテレビ局のNBCと、「ニューヨーク・ポスト」に炭疽菌入りの封書が送られ、その社員が発症した。政府機関だけでなく、複数のメディアも攻撃の対象となったのである。その結果、郵便物に対する生物兵器テロ対策が全米で実施された。郵便局や政府機関、メディアでは郵便物がチェックの対象となり、米国内での手紙の使用は激減した。

筆者は二〇〇八年一月に、テロリズムとメディアの問題に関するヒアリング調査のために「ワシントン・ポスト」を訪問したが、その事件後、同社では郵便物を扱う部屋を編集室、記者室から隔離し、手紙などの郵便物を開封する際には、必ず特殊な専用の防護装置（写真7）の中で開封することが義務づけられていた。

写真７　「ワシントン・ポスト」で使用された手紙開封防護装置
（筆者撮影）

このように、メディアそれ自体がテロリズムの標的となることはよくあることである。日本での象徴的な事件のひとつが、八〇年代に発生した赤報隊事件である。一九八七年一月二四日、朝日新聞東京本社の窓ガラスに散弾が撃ち込まれる事件が発生した。これが赤報隊事件の始まりである。その後、「日本民族独立義勇軍　別動　赤報隊」を名乗る犯行声明が出された。

「われわれは日本国内外にうごめく反日分子を処刑するために結成された実行部隊である。一月二四日の朝日新聞社への行動はその一歩である」

さらに、同年五月三日の憲法記念日には朝日新聞阪神支局で二人の記者が銃撃され、小尻知博記者が死亡、犬飼兵衛記者が重傷を負った。ここでも、赤報隊は「すべての朝日社員に死刑を言いわたす」というメッセージを犯行声明として発表した。この一連のテロ事件は「言論機関に対する暴力」として批判され、大きな社会不安を引き起こした。警察による捜査は難航し、この事件の背景にはさまざまな憶測が流れたが、事件は解明されないまま時効が成立した。時効成立後、二〇〇八年にはこの事件の犯人を名乗る男が朝日新聞に対して事件を告白したが、朝日新聞は彼を実行犯とは認めていない。さらにこの男は二〇〇九年一〜二月の『週刊新潮』において告白手記を発表して話題となったが、その告白は虚偽であることが判明し、問題となった。

民主主義において言論の自由、表現の自由は侵すべからざる価値であり、その自由をテロリズムで圧殺することは決して許されることではない。ではなぜ、そのような価値を侵してまで、テロリストはメディアを攻撃するのだろうか。そこでは、メディアやジャーナリズムがもつ絶大な権力性についても同時に思いをめぐらせる必要がある。メディアの言論活動もまた、社会に対して大きな暴力となる可能性があることも忘れてはならない。言葉の暴力である。言葉には力があり、ジャーナリズムや表現活動には読み手に権力を行使する言語行為が含まれうるのである。言葉による暴力が人々を抹殺することは起こりうる。そのコミュニケーションの中に肉体的な暴力の介入する余地が発生する。メディアだけではなく、政治家や学者の言論も同じである。テロリズムによって犠牲となった特定のジャーナリスト、政治家、学者は世界中にいる。私たちにはテロリズムと向き合うとき、批判するだけではなく、テロを受ける覚悟も同時に必要なのである。ジャーナリストや研究者などの言論人といえども、自分の身だけ安全なところにおいたままで、テロリズムと戦うことはできない。これがテロリズム問題の本質のひとつともいえる。

第六章　テロとメディアの共生関係――一九九〇年代

オウム真理教地下鉄サリン事件～ワイドショー化したテロリズム

テロリズムによってメディアが利用された一九七〇年代から八〇年代という長い時代が終わった後、その反動が訪れる。一九九〇年代に入り、今度はメディアがテロリズムを利用する時代が訪れたのである。高度情報化社会におけるメディアの進化とともに、大衆消費社会はモノの消費だけでなく、情報の消費やモノの記号的消費をもたらした。それによってオーディエンスは、ドラマや映画などのフィクションの消費だけでは飽きたらず、よりリアルに見えるノンフィクションの政治の世界、事件の報道を消費するようになる。こうして、八〇年代後半からテレビ朝日の『ニュースステーション』は人気を博し、朝のワイドショーは政治や政治的事件を扱うようになった。テレビが政治を利用し、政治がテレビを利用し合うことにより発生する相互作用、これが「テレポリティクス」の始まりである。フィクションのドラマより、よりリアリティのある現実の政治的事件を消費したいというふうに進化したオーディエンスの欲求に、メディアは応えたのである。

テロリズムという現象には、政治的闘争という意味での政治性のレベルと、世の中を賑わし注目される事件というレベルの二つの次元がある。テレビのワイドショーはその発生当初からこの後者のレベルを追求し、とくに一九八〇年代に入ってから「三浦和義ロス疑惑」報道などの盛り上がりによってその傾向を強めた。しかし、ワイドショーが政治を扱うようになる前者の傾向が現れることによって、テロリズムという現象は政治性と事件性というその両方を兼ね備えた強力なメディア・コンテンツとなったのである。つまり、テロリストがメディアを利用するという古いパラダイムではなく（図表8）、メディアがテロリズムに対して積極的にアプローチすることによって、オーディエンスに情報を供給するという図表9のようなパラダイムが発生したのが、この九〇年代であったといえる。

その現象を代表するのが、一九九五年に発生した一連のオウム真理教事件であり、もうひとつが一九九六年に発生した在ペルー日本大使公邸人質事件である。

一九九五年三月の地下鉄サリン事件の発生から、社会的問題も多く注目されたという

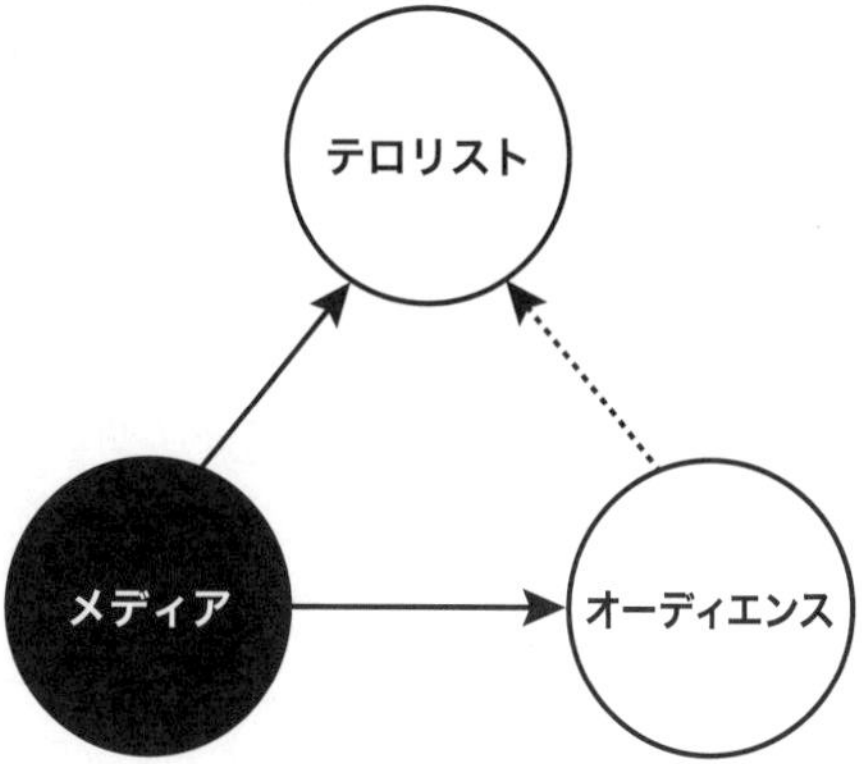

図表9　メディアがテロリストを利用する三者モデル

意味において、単にメディアでの露出が多い一新興宗教に過ぎなかったオウム真理教という宗教団体が、テロ集団としてメディアに表象されることとなった。三月二〇日の地下鉄サリン事件から、三月三〇日の國松孝次警察庁長官狙撃事件、四月一九日の横浜駅異臭事件、四月二三日のオウム幹部・村井秀夫刺殺事件、五月一六日の青島幸男東京都知事宛小包爆弾事件、六月二一日の全日空857便ハイジャック事件など、続々と発生する異常な事件がオウム真理教と関連性を持たされながら報道された。

これらの事件は、夜のニュース番組ではNHK『ニュース9』、日本テレビ『きょうの出来事』、TBS『ニュース23』、テレビ朝日

『ニュースステーション』などで連日報道され、朝のワイドショーでは日本テレビ『ルックルックこんにちは』、TBS『モーニングEye』、フジテレビ『おはよう!ナイスデイ』、テレビ朝日『スーパーモーニング』で、オウム真理教に関連する報道が繰り返され、各社の視聴率競争に拍車をかけた。その中でも、もっともこのオウム真理教問題に重点を置いた報道をしていたのが、第三章でも触れた日本テレビ『ザ・ワイド』であった。

なぜこのように各局のニュース番組やワイドショーがオウム真理教問題を追いかけ続けたのか、それは、①史上初の化学兵器サリンを使用した未曾有の規模の無差別テロ事件であったこと、②関連する事件が長い間続発し、報道すべきネタが続いたこと、③視聴者の関心が高く、視聴率がとれたことの三点に集約される。その中でもテレビ局にとって一番大きかったのは、「視聴率」の問題だったといえる。どれくらい、当時のオウム報道が視聴率をとれたかを示すデータを挙げてみたい。九五年の年間視聴率の上位三〇番組をみると、一位、二位を独占する紅白歌合戦、大相撲に続いて四位以降、以下のようなオウム関連番組が視聴率上位に入っているのである(ビデオリサーチデータをもとに独自作成。データ:ビデオリサーチ・関東地区・番組平均世帯視聴率。オフィシャルウェブサイトより、同社の許諾を得て掲載)。

【一九九五年、年間高世帯視聴率番組30より】
第四位……四月一七日(月)、日本テレビ「緊急スペシャル!! オウム真理教の世界戦略とサリン事件の謎今夜真相に迫る!」——三六・四%
第八位……四月一六日(日)、NHK総合「NHKスペシャル・オウム真理教」——三三・一%
第一七位……五月一日(月)、日本テレビ「緊急報道スペシャル　オウム帝国と最終戦争スクープ四連発」——三一・三%
第二二位……四月二一日(金)、フジテレビ「FNN緊急スペシャル緊迫列島! オウム王国に最終Xデー迫る」——二九・九%

ワイドショーやニュース番組にとって、オウム真理教はかっこうのネタであり、キラー・コンテンツであった。こうしてオウム真理教が起こす事件が、メディアによってスペクタクルとなり、オーディエンスが消費するという消費社会における三者の依存関係が構築される。ジャン・ボードリヤールは9・11テロ事件の直後にまとめた「テロリズムの精神」が収められた書『パワー・インフェルノ――グローバル・パワーとテロリズム』の中で、テロリズムとメディア、オーディエンスの関係について、次のように述べている。

「それを実行したのは彼らだが、望んだのは私たちのほうなのだ」

ワイドショーや情報番組、バラエティ番組でテロリズムが扱われることによって、オーディエンスにとってはハラハラしながらその展開を見守るスペクタクルとしてのドラマとして消費され、テロリズムはその政治性を剝奪される。オウム真理教がどのような政治思想、近代批判を持っていたかはもはやどうでもいいのである。彼らはドラマに登場する敵キャラ＝悪であり、テレビというメディアはその背景、文脈をも紹介しているようでいて、しかしオーディエンスに対して隠蔽する機能を持っている。こうして、テロリズムが政治性を剝奪されることによって、それらは他の治安問題と同じレベルの管理されるべき危機となった。九〇年代後半から「危機管理」や「有事」、「テロ対策」という言葉がキーワードとして流行することとなったのである。

九〇年代中盤以降のこれらのテロ事件、阪神淡路大震災、北朝鮮不審船事件、テポドン発射事件、拉致問題、ＪＣＯ臨界事故、こうした事件がメディアにおいてすべてこのフレームで語られたことによって、それまで、研究者が大学では決して口にすることさえできなかった「危機管理」、「有事」、「テロ対策」という言葉は日本においてはじめて研究対象として解禁された。一般社会においても日本国憲法と戦後民主主義の名のもとに、「有事」という概念は戦争の準備を意味し、アジア近隣諸国を刺激するものとして、左翼勢力やメディアによってタブーとされ、「危機」や「テロリズム」を想定して対策すること自体が国家の統制を強化する危険思想と認識される時代が戦後長く続いた。これに漏れず、東京大学をはじめとする日本のほとんどの大学でも、二〇世紀中は「危機管理」や「テロ対策」は危険思想として禁忌されるべきタブーだったのである。警察政策学会とその一部会である「テロ対策研究部会」が発足したのは九八年のことであり、慶應義塾大学にグローバルセキュリティ研究所ができたのも二〇〇四年のことである。

九〇年代中盤以降、こうした危機事態が相次いで発生したとき、それまで危機管理の言説を封じてきたいくつかの新聞やテレビなどのメディアが「なぜ日本は危機管理が遅れているのか」と政府や研究機関を批判したことは滑稽な現象であった。それを自覚できないようでは、日本のメディアはもう終わりである。

あさま山荘事件のテレビ中継〜テロリズムというメディアイベントの誕生

テレビというメディアの誕生と同時にテレビ視聴者という存在も発生し、テレビを視聴するという行為も誕生した。テロリズムがメディアイベントとして消費され、さらにメディアがそのテロリズムを利用し、メディアにとってテロリズムがキラー・コンテンツとなったのは九〇年代であるといえるが、日本において、テロリズムが人々の注目するメディアイベントと化す契機となったターニング・ポイントは、一九七二年二月一九日のあさま山荘事件にまでさかのぼることができる。

このあさま山荘事件は、連合赤軍メンバー五人が当時河合楽器の保養施設であった山荘に、管理人の妻一人を人質にとって約一〇日間にわたり立てこもった人質テロ事件である。しかし、この立てこもりにおいて彼らに何か具体的な要求の提示があったわけではない。それ以前の、大菩薩峠事件やよど号事件、「総括」の名のもとに実行されたリンチ殺人事件を経て、追い詰められた結果の暴挙であった。

このあさま山荘事件が、日本史上に名をとどめる事件となったのは、その立てこもった連合赤軍メンバーと警視庁機動隊、長野県警の間のにらみ合いと死闘がテレビによって生中継され、日本全国の視聴者によって、観戦されたからであった。テロリズムが、日本中の視聴者の共同体験するメディアイベントになった瞬間である。

このテロ事件が一〇日間にもわたり長期化した原因はいくつかある。その中に、当時の警察の側にあったテロ対策の事情がある。この事件の現場指揮を担当した佐々淳行氏は、①人質を必ず救出すること、②犯人を全員生け捕りにすること、③銃器使用は警察庁許可とする、④警察官に犠牲者を出さぬこと、この四点を警察庁長官命令として受けたことを告白している。ライフル銃で武装し、人質をとった犯行グループに対して、銃を使わずに丸腰で対応せねばならなかったのである。この事件はどうなるのか、人質は生きて解放されるのか、機動隊は突入するのか、日本中がテレビを通じて注目した。その中で、現場では犯行グループの母親によるマイクを使った涙ながらの説得、クレーン車を使った鉄球作戦などが行われ、テレビ映像によって状況が伝えられた。

ビデオリサーチ社によってテレビ視聴率調査が開始された一九六二年一二月三日から二〇〇九年一月三〇日までの全局高世帯視聴率番組五〇位（関東地区）の中に、一九七二年二月二八日に放送されたＮＨＫのニュース番組「連合赤軍・浅間山荘事件」が、三四位にランクインしている。これは機動隊が二月二八日に山荘に強行突入する日、朝九時四〇分から六四〇分（一〇時間四〇分）にわたり、生中継された番組であり、平均視聴率は五〇・八％であった（ビデオリサーチ・関東地区・番組平均世帯視聴率）。一〇時間を超える事件の生中継が、平均視聴率五〇・八％を示したこと、このこと自体が昭和におけるテレビ的大事件であり、この報道番組における視聴率の記録は未だ破られていない。（データ：ビデオリサーチ・オフィシャルウェブサイトより許諾を得て掲載。）

佐々淳行氏の著書『連合赤軍「あさま山荘」事件』を原作とする、二〇〇二年の原田眞人監督の映画『突入せよ！「あさま山荘」事件』では、連合赤軍と戦う機動隊の奮闘ぶりが描かれている。この事件では、テレビ中継や新聞報道を見ている視聴者から、警察に対して事件対応に関するクレームがリアルタイムに電話で入るという珍現象が発生した。この映画においてもその現象は表現されており、「国民が怒っているんだ、鉄球早く動かせ！」と東京の会議室から電話で指示を出す警察官僚の言葉は象徴的である。テロリストが起こす事件、その事件を報道するメディア、それを見る視聴者、その視聴者に動かされる政府・警察という関係はすでに七〇年代にその萌芽があったといえる。

それに対し、二〇〇八年に全国公開された若松孝二監督の映画『実録・連合赤軍　あさま山荘への道程《みち》』は、犯人グループである連合赤軍の視点から、この事件の実相の再構築を試みている。この二つの映画を比較してみると、警察・機動隊の立場から語られるストーリーと、犯行グループである連合赤軍の視点から語られるストーリーは、全く異なることがわかる。若松監督が批判するとおり、映画『突入せよ！「あさま山荘」事件』は警察、国家権力の視点から語られている。当たり前のことであるが、メディアがどのようなパースペクティブやフレームでこのテロリズムを描写するか、それによって、それを視聴するオーディエンスの立ち位置や解釈も大きく影響を受けるのである。

このあさま山荘事件は、テレビ局があさま山荘を包囲する機動隊の外側から、客観的に報道する限り、警察や機動隊のパースペクティブから報道することになる。そして、事件の状況に関する情報はすべて警察発表に依存している。こうして、メディアのフレームは構築されるのである。そのフレームを視聴者は消費し、多くの日本人が殉職した機動隊員、人質にとられた管理人の妻に共感することが可能になる。それぞれのテロリズムに対する視聴者の対応、反応は、彼らに提供されるメディアのフレームによって大きく影響されるのである。このメディアの構造には、まだ七〇年代であった当時は、政府もメディアも、視聴者も気づいてはいなかった。

在ペルー日本大使公邸人質事件～テロリストに積極的に接触した日本メディア

一九七〇年代にそうであったメディアと政府、視聴者の関係は、九〇年代においてすでに図表9のように変容している。九〇年代において、メディアは政府発表だけに依存せず、積極的にテロリストに接触して、視聴者に情報を提供する、そういう積極的方針に変化した。あさま山荘事件や数々のハイジャック事件など、政府発表、警察発表の情報に依存して報道するしかなかった七〇年代を経て、グリコ・森永事件や赤報隊事件などテロリストにメディアが利用され、そして攻撃された八〇年代を経て、メディアは積極的にテロリズムを利用し、そして自らがイニシアティブを持ちながら報道する姿勢に転換したのが九〇年代といえるだろう。

その九〇年代の半ばに海外で発生したのが、日本人が史上最大規模で人質となったテロ事件、在ペルー日本大使公邸人質事件である。一九九六年一二月一七日、ペルーの首都リマにある日本大使公邸で開催されていた「ナショナル・デー」のレセプションを狙って、武装したトゥパク・アマル革命運動（MRTA）のメンバー一四人が襲撃し、六二一人を人質にとって立てこもった。このMRTAは、日系ペルー人であり当時ペルー国内で人気の高かったアルベルト・フジモリ大統領政権に対して、獄中に収監されているMRTAメンバーの解放と、経済政策の変更などを要求した。政治コミュニケーション的にいえば、典型的な「要求型」テロリズムである。人質が少しずつ解放された結果、年が明けて九七年一月の段階では人質は七二人となった。フジモリ大統領は彼ら犯行グループの要求を拒絶し、時間をかけて慎重に交渉を重ねた。さらに、七二人という人質の多さ、その大半がペルー人ではなく外国人の日本人であるということ、MRTAメンバーが武装してゲリラ活動、テロ戦術に長けていることなどの要素により、このテロ事件は長期化することになる。

最終的に九七年四月二二日、ペルー軍特殊部隊が突入し、犯行メンバー一四人を全員射殺、未解放であった七一人のうち七〇人を解放、人質一名と特殊部隊二名が死亡する結果となった。解放まで一二七日間の攻防であった。私たちはこの突入作戦の映像をテレビ中継を通じて日本で視聴した。爆弾と銃弾の音の中で煙が立ち込め、特殊部隊隊員が戦闘を繰り広げる中、転がりながら逃げ出す人質の姿を、私たち日本人はテレビで視聴したのである。

この一二七日の間、現地ペルーのメディアはもちろん、日本をはじめとする世界中のメディアがこのリマに集結し、事件の推移を世界に報道した。イラン大使館人質事件やTWA847便ハイジャック事件で、アメリカと世界が経験したことが、また時と場所をかえて繰り返されたのである。

しかし、フジモリ政権は徹底した情報管理を行った。ここで日本のメディアは、海外のテロ事件において全く情報の主導権を持っていない日本政府に情報を依存することもできない、ましてやペルー政府からメディアの欲しい情報が発表されるわけではない状況におかれ、困惑することになる。すぐ近くにいながら、人質の安否や状況、MRTAの状況、政府とMRTAの交渉の詳細が全く把握できないのである。

このようなテロ事件への対応として徹底した情報管理、報道規制は世界のテロ対策の基本である。フジモリ大統領だけが異常であったわけではない。それは、人質の安全を最優先し、人質が解放されるまで、テロ事件が終息するまでの混乱を避けるためである。それがテロ対策のグローバル・スタンダードであり、人質の命がどうなってもいいから報道が優先されるということはあり得ない。日本のメディアでも、テロリズムとは関係なく一般の誘拐人質事件の際には、人質の生命を最優先して安全確保されるまでは報道を控えるという報道協定があることは有名である。テロ事件の解決の邪魔になってもメディアの報道が優先されるべきという論理は、一般市民の支持は得られないだろう。

共同通信の突撃取材からテレビ朝日バッシングへ

このような状況で事件は起こった。いわゆる日本のメディアによる「突撃取材」事件である。一二月三一日、共同通信の原田浩司カメラマンが「共同通信　KYODO」と書いた大きな紙を持って、大使公邸内に進入したのである。これは後に原田カメラマンの『新潮45』掲載の手記で明らかにされているが、綿密な計画の上に実行された、共同通信自体も関与した作戦であった。突入前からその準備は進められていて、原田カメラマンはスペイン語の取材依頼の手紙をMRTAに渡して許可をもらうために、その手紙を赤十字による食事配給に紛れ込ませていたのである。それを読んだMRTAから「共同通信へ　進入可　MRTA」という返事が窓ガラスに張り出されたのである。

折しも、ペルー政府はそれまで徹底管理していた報道管制を一時緩め、メディアのグループを非常線内に入れ、公邸正門から写真撮影を許すという取材グループによる撮影ツアーを実施したのであった。そのチャンスを利用して原田カメラマンは、先に述べたように大使公邸内に進入することに成功した。彼に同調して、時事通信やTBS、ロイターなどのカメラマンたちも進入した。その結果、原田カメラマンは三時間を超える人質へのインタビューと写真撮影を実施し、共同通信が世界に発信したのである。独立総合研究所の青山繁晴代表取締役社長は当時共同通信記者として、現地リマで実際にこのテロ事件の報道を担当し、そこで経験したペルー政府と日本政府のメディア規制のあり方に危機管理の立場から批判を加えている。

さらにその一週間後、テレビ朝日系列の人見剛史記者がペルー人通訳とともに、大使公邸内に進入したが、人見記者には事前の準備も交渉もなく、いわゆる「アポなし取材」であったためMRTAから拒絶された。テレビ朝日も後に発生したバッシングに対して、社として謝罪を発表した。

これらの行動によって、日本を代表する通信社とテレビ・ネットワークが世界のメディアからバッシングに遭うこととなった。人質解放の交渉に徹しているペルー政府の努力を無にし、人質の生命を危険にさらしたという理由による。世界のメディアだけでなく、ペルー政府も、日本政府も、そして同業である日本のメディアでさえも、二人のジャーナリストの行動を批判した。フジモリ大統領は「共同通信記者の無責任さを批判する」という談話を発表している。

こうしたバッシングがある中で、その反面、彼らジャーナリストの行動を評価する声も上がった。それは主に、ジャーナリズムの世界からの支持である。当時、立命館大学の桂敬一教授や、ジャーナリストの広河隆一氏は、オピニオン誌上で積極的に彼らの行動を支持した。それだけではない、この日本大使公邸人質事件において、人質となっていた小倉英敬氏はその著書『封殺された対話——ペルー日本大使公邸占拠事件再考』（平凡社）の中で、原田カメラマン、人見記者に対して「二人ともジャーナリストの模範だと思っている」と述べている。小倉氏は一二七日間のあいだ人質として拘禁されたが、この書の中ではあくまでも交渉による平和的解決を望んでいたことを力説し、このMRTAを強行的手段で全員射殺したペルー政府を批判している。また、原田カメラマンが来て取材してくれたおかげで、日本人の人質の気持ちが落ち着いたという点を大きく評価している。確かに、特に日本政府は、監禁された状態にある人質の心理的ケアという問題を十分に考慮していなかった。小倉氏の記述の中には、人質事件において発生しやすいストックホルム・シンドロームに近い現象も見られるが、その事件の内部にいた当事者による詳細な記録と、人質という立場からの貴重な証言は評価に値するものである。

読者の皆さんは、この相反する二つの立場のどちらを支持するだろうか。原田カメラマンと人見記者の突撃取材は、テロ事件において、メディアがとった行動として適していたかどうかという問題である。テロ事件において、政府や警察はメディアの取材や報道を規制することを優先する。人質の命の安全を最優先して、事件を無事解決させるためである。そして、メディアは報道の自由、国民の知る権利をもとに、ジャーナリズムの使命を優先して、情報管理を超えて報道しようとする。

私たちオーディエンスがこの問題に対して態度表明するのが困難なのは、テロリズムとメディアの関係が複雑に絡み合った問題だからである。確かに、この二人の記者の行動を批判するのは簡単である。それはテロ対策のグローバル・スタンダードである。しかし、私たちオーディエンスは、この原田カメラマンの突撃取材によって得られた写真でMRTAの様子を映像として知ることができ、人質の日本人の様子を知ることができたのである。こうして突撃取材によって知った情報の上にあぐらをかいて座っているのがオーディエンスであり、研究者であり、その姿勢でこの二人の記者を批判しているのである。これは、彼らジャーナリストが伝えてくれた情報を一顧客として消費しながら、その商売を批判している消費者＝クレーマーの態度である。ここに、このテロリズムとメディア、オーディエンスの関係のダイナミズムと、困難性が現れてくる。テロリズムとメディアの関係を研究し、考察するためには、この在ペルー日本大使公邸人質事件こそ、常にここに立ち返るべき重要なケースの一つである。

テロリズムとメディアの共生関係＝共犯関係？

この一九九六年の在ペルー日本大使公邸人質事件をめぐるメディア報道によって、テロリズムとメディアの関係における諸問題が、日本でも明らかとなった。また九五年の一連のオウム真理教事件というテロ問題との関連でも、メディア報道のあり方、倫理が問われたのがこの九〇年代中盤であった。

テロリズムが世界中のオーディエンスによって注目されるメディアイベントに変容するプロセスにおいて、テロリストとメディアには「共生関係（symbiotic relation）」があるという指摘がある。この共生関係の問題は、ボウヤー・ベルをはじめ、ブルース・ホフマンやブリジット・ナコスらテロリズムの研究者が共通して指摘する問題である。この共生関係は、テロリストが「社会に恐怖を与えると同時に、自分たちの主張、大義名分を社会に訴えたい」という欲望と、メディアが「テロについての事実を詳細に社会に報道したい、事件が発生した原因や社会背景を解明したい」という欲望が合致することによって発生する。これは、メディアの悪意によって発生するのではなく、表現の自由、国民の知る権利、ジャーナリズムの使命といったその存在意義の根本に触れる正当な活動によって発生するのである。

ウィルキンソンは、メディアがテロリズムによって利用されるプロパガンダ機能を次の四点で説明している。

①テロリストが自らの暴力行為の正当性を主張する手段（自分たちは解放のための正義の戦争を戦う自由の戦士であると主張）。
②敵対するものは、堕落した圧制者、邪悪な存在であるとするラベリング機能。
③二元論的な闘いの中で中立を認めない。観客をも巻き込む。問題の無差別性の提示。
④テロリストの力を過大評価させる効果。テロへの恐怖心を発生させる機能。

メディアの側に、テロリストの主張を宣伝したいという目論見がなかったとしても、メディアがテロ事件の詳細を報道することによって、テロリストのプロパガンダの目標の多くは達成されてしまうのである。先にも紹介したサッチャー英首相の言葉は、この関係を批判したものである。

テロリストの側は、テロのインパクトを、そのオーディエンスを意識しながら演出し、そのインパクトを高めるために、攻撃の対象をより象徴性の高い「シンボルへの攻撃」（WTCやペンタゴンなど）に移す。こうして、テロリズムの暴力はエスカレートしていくのである。一方、メディアは初めての事件、最高の事件、記録的な事件にニュースバリューを見出す。視聴率や発行部数を伸ばせるインパクトを求める。こうして両者それぞれの事情が合致することで、テロ事件がますますインフレ化し、スペクタクル要素を強める要因になっている。これがテロリズムとメディアの共生関係であり、両者が相手を利用しながら自らの使命を実行するという、悪しき相互作用による、負のスパイラルである（図表10）。

その結果、メディアはさまざまな効果、影響をテロリズムにもたらす。一つのテロ事件の成功に刺激された他のテロリストが、成功した戦術をまねて次々にテロ事件が連鎖していくような、テロリズムの「伝染効果」が指摘されている。実際に七〇年代のハイジャック事件やヨーロッパでの左翼過激派組織によるテロ事件、八〇年代の中東の誘拐

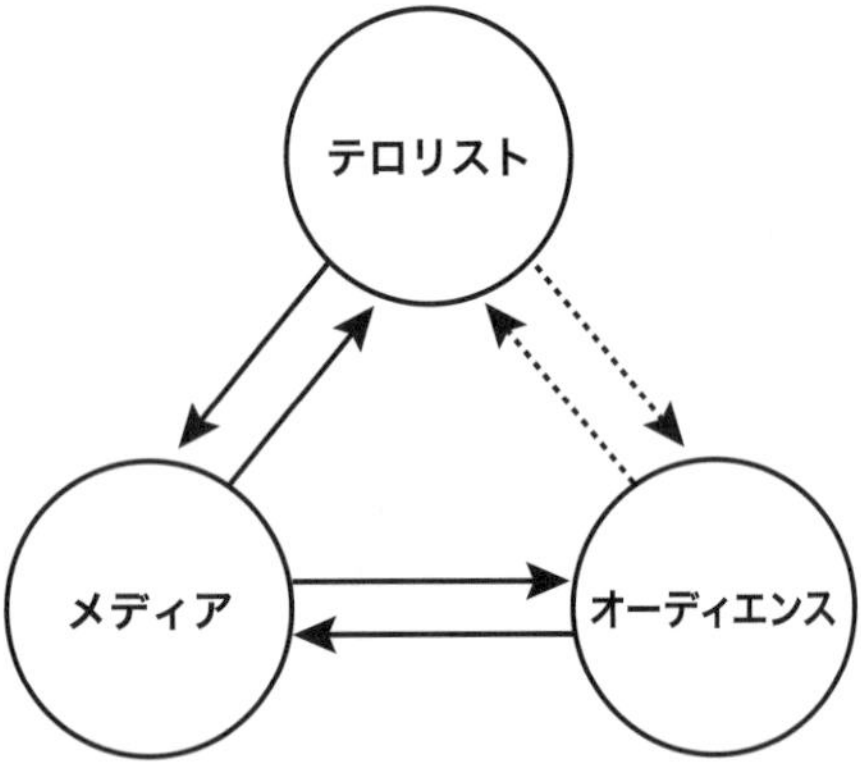

図表10　メディアとテロリストの相互作用でテロが拡大する負のスパイラル・モデル

事件においては類似した手口の犯行が連続して発生し、世界中に拡大する傾向が見られた。また、メディアは、オサマ・ビンラディンのようなテロリストのサウンドバイトを繰り返しテレビ放映し、そのメッセージを放送することによって、テロリストに一国の大統領や著名人にも比類する高名な地位とニュースバリューを付与している。マスコミにはこのような「ステイタス付与効果」もある（福田‥二〇〇六aを参照のこと）。

　その結果、テロリズムによる被害の拡大を防止し、後続するテロリズムの拡大再生産を防止するために、メディアのテロ報道を規制すべきだとする「テロ報道管制論」という考え方が発生する。このテロ報道管制論は、先のジャーナリズムの使命というメディアのレゾンデートルに触れる問題だけではなく、ジャーナリズムやメディアが持っている諸問題にも関わってくる。

メディアの側にある諸問題〜センセーショナリズムやメディアスクラム

例えば、メディアの側にもたくさんの問題がある。メディア報道がテロリストの意図にはまりテロリストを利する報道を行ってしまう「利敵報道キャンペーン」以外にも、ジャーナリズムの教科書では必ず挙げられるような以下の問題群である。

ここでは、①視聴率競争・部数競争、②センセーショナリズム、③スクープ合戦、④報道の横並び、⑤メディアスクラム（集団的過熱報道）、⑥誤報・虚報、⑦情報源の保護・取材源との関係、⑧記者クラブ制度——の八点について考察したい。

①視聴率競争・部数競争

ジャーナリズムといえども、その反面商売であることを忘れてはいけない。民放テレビ局は広告収入に依存している以上、視聴率をとらなければ広告収入が減り、利益を出すことができなくなる。新聞や雑誌も発行部数や売り上げが増えなければ、利益を出すことはできない。そのため、視聴率や部数を伸ばすことを目標にした報道がなされるという問題がある。その結果、テロ事件も視聴率や売り上げを伸ばすためのメディア・コンテンツと化すのである。テロリズムは視聴率をとれる、そのことにメディアが気づいたのは七二年のあさま山荘事件であり、八〇年代のグリコ・森永事件を経て、九〇年代以降メディアは視聴率のためにテロリズムを利用する存在になった。

②センセーショナリズム

こうして視聴率や売り上げが重視される結果、視聴者や読者などのオーディエンスの関心に訴えることができるセンセーショナルなニュースがつくられる。より新しい、より面白い、より過激な情報が求められ、テロリズム報道はセンセーショナルな内容へと変容していくのである。二〇〇一年の9・11テロ事件では、テレビ局を中心にWTCやペンタゴンでのテロ映像が繰り返しセンセーショナルに報道され、アフガニスタン戦争、イラク戦争へなだれ込む世論形成にメディアが荷担した。九五年のオウム真理教事件に関する報道番組や関連番組では、行きすぎた演出、編集により、サブリミナル的編集の問題まで発生したのである（福田：一九九五を参照のこと）。

③スクープ合戦

また、他社がもっていない自社だけの特ダネを探して、報道におけるスクープ合戦が繰り広げられる。他社を出し抜いてでも自力でネタをつかむ。そのためには何でもするという行為が、テロリストに利用されることがある。また、人質や被害者の生命を危機にさらすことがあることをメディアは意識すべきである。九六年の在ペルー日本大使公邸人質事件において、突撃取材を敢行した日本人記者が批判されたのは、この観点からである。記者自身がジャーナリズムの使命の実現という大義名分を持っていたとしても、他者からはこのように理解されることや、結果としてこのような影響を生み出してしまうことがあるのである。

④報道の横並び

その反対に、他社に抜かれることを恐れ、自社だけが取り残されないように周囲のメディアを気にするあまり、報道の横並び現象が発生する。他社がテロリズムの報道に力を入れていれば、自分たちもテロリズム報道にシフトする。どのチャンネルを見ても、どの新聞、雑誌を見ても同じ内容、という状況がテロリズムにおいても発生する。これによって、報道の多様性が失われる。報道の多様性が失われるということは、その意見や態度の多様性、フレームの多様性が失われるということである。報道の多様性が失われることで、読者や視聴者などオーディエンスにおける意見の多様性が失われる。アメリカにおいても、イラン・アメリカ大使館人質事件や、TWA847便ハイジャック事件において、どのテレビ局も、どの新聞社も同じような報道を繰り返したことが批判されている。これは結局、テロリストによってメディア・ジャック、チャンネル・ジャックされたことと同じであり、これまでのテロ事件において何度も同じことが繰り返されてきた。

⑤メディアスクラム（集団的過熱報道）

その結果、メディアスクラム（集団的過熱報道）という現象が発生する。テレビや新聞、雑誌などの多数のメディアが、事件の被害者、容疑者、関係者などに集中して殺到し、ある一定の期間、ある一定の地域に集結することで、プライバシーが侵害され、周辺の社会生活に混乱が発生することである。そしてさらには、メディア報道が同じ問題をテーマに一色に塗りつぶされる。八〇年代以降のワイドショーから発生した現象と考えられ、二〇〇八年に再逮捕され獄中で自殺した三浦和義容疑者のロス疑惑など、テロリズムの問題だけには決して限定されないが、事件やスキャンダルなどの報道において幅広く見られ、テレビではワイドショーの成長とともに問題が顕在化してきたといえる。まさにオウム真理教事件の報道の過熱ぶりはメディアスクラムと呼ぶにふさわしいものであった。

⑥誤報・虚報

こうした過熱した報道や視聴率競争によって、誤報、虚報が発生する。誤報は結果的に間違った情報を流すことであり、虚報とは事実に反する情報を意図的に報道することである。つまり嘘のニュースを流すことである。虚報は、これまでもワイドショーやニュース番組におけるやらせ問題や、新聞における捏造報道として問題となってきた。テレビでの代表例は、八五年のテレビ朝日のワイドショー『アフタヌーンショー』での「やらせ少女リンチ事件」である。また新聞での有名な事例は、八九年の「朝日新聞サンゴ記事捏造事件」である。これらの捏造という行為は、報道の倫理以前の問題である。

また、九四年に長野県で発生した松本サリン事件においては、日本のメディア史上においてまれに見る誤報事件が発生した。この事件ではオウム真理教が散布したサリンによって犠牲者が出たが、実際は被害者である松本市在住の河野義行氏が、テレビや新聞報道において容疑者であるかのような報道が繰り返されたのである。その翌年三月に地下鉄サリン事件が発生し、その犯行がオウム真理教によるものであることが明白になった後、新聞などのメディアは河野氏に正式に謝罪した。このような誤報はメディア報道においては決してあってはならない。テロリズムとメディアの問題には、こうした側面もある。

⑦情報源の保護・取材源との関係

テロリズムと関連する事件の報道においては、それに関わる人、取材源自身が危険にさらされることがある。テロリズムのケースでは、情報源の命が危険にさらされる場合が多いため、他のケース以上に情報源の保護の問題は意識的でなければならない。テロリズムとの関連で、近年もっとも大きな問題に発展したのが、TBSビデオ問題である。

一九八九年、オウム真理教の宗教活動による被害者を救済していた坂本堤弁護士が、

ＴＢＳの取材に対してオウム真理教を反社会的な団体として非難するコメントを発した。その取材ビデオの放映前にオウム真理教幹部三人がＴＢＳを訪れ、そのビデオを視聴した上、その放映を中止させたのである。その後、オウム真理教信者によって、坂本堤弁護士は一家そろって殺害された。元常磐大学教授で、長年ＴＢＳに在籍していた田原茂行氏は『ＴＢＳの悲劇はなぜ起こったか』（草思社）の中で、この事件を分析、考察している。『3時にあいましょう』という有名ワイドショー番組の裏側で起こったこの事件を、ＴＢＳというメディアが組織的に持つ構造的問題としてとらえ、批判している。

取材源を守るということは、ジャーナリズムの根本であり、それが崩壊したところにメディアの倫理や存在意義は成立しない。そして、この問題は裁判で争われ、ＴＢＳは社内調査を実施し、調査報告書を発表すると同時に、一九九六年四月に検証番組『証言・坂本弁護士テープ問題から六年半』を三時間超にわたって放映した。また、『ニュース23』のキャスターをつとめていたジャーナリストの筑紫哲也氏が、このビデオ事件をうけて放送中に「ＴＢＳは死んだに等しい」と発言したことは有名な事実である。

⑧記者クラブ制度

取材源との関係に関して、日本でよく指摘される問題が、この記者クラブ制度や番記者制度である。記者クラブとは、本来あくまでも任意の団体で、日本新聞協会に加盟する新聞社や通信社、放送局がその会員として記者を派遣することができる。首相官邸や各省庁、警察などの中央から、地方自治体など全国を網羅する取材拠点に記者室を置き、この記者クラブが主催することによって政府による各種の記者会見が実施される。首相や大臣の記者会見も、この記者クラブが主催し、メディアが主導権を握る。現在、政府とメディアの間にある最も太いパイプを維持するシステムであるといえる。

アメリカを始め欧米にはこのような文化はない。政府による情報発信ではむしろ政府がイニシアティブを握っている。このような政府や自治体とメディアの関係は、記者と政治家の癒着やプロレス的関係を生み出す番記者などとともに世界では極めて珍しい日本的な文化といえるだろう。テロリズムや自然災害などの有事においては、このようなシステムが上手く機能しないことが想定されるなど、さまざまな弊害があることも事実である。記者クラブに加盟しているメディアにとっては有益なシステムであるが、この記者クラブに加盟できないメディアにとっては非常に閉鎖的なシステムであると批判が多い。

政府や自治体などにとっては、記者会見などの情報発信によってメディア対応が簡便化できるという効用や、誘拐事件などが発生した場合に取り結ばれる「報道協定」もこうした記者クラブを単位として実施できるという利点もあるが、記者クラブがイニシアティブを握りやすいという側面もある。普段のテロ対策や、テロ事件が発生した後の危機管理においては、政府や自治体、警察がイニシアティブを発揮できる情報発信の形が必要となる場合もあり、その方針が国民保護計画においても模索されているのが現状である。テロリズム問題における、政府とメディアの関係を考察する上で、この記者クラブの存在がキーポイントのひとつになるだろう。

再びテロ報道管制論の是非

政府とメディアとテロリストが対峙する三者関係の中で、テロ対策においてメディアの取材、報道は徹底して政府に管理されるべきなのか、それとも、メディアは政府のテロ対策や人質の安全を無視して独自の取材、報道を行うべきなのか。それは、政府のテロ対策の大義と、メディアのジャーナリズムの大義の激突である。ともに、それぞれが自分の立場の正当性を主張するが、どちらか一方が絶対的に正しいわけではない、ということを互いに自覚すべきである。

事態によってはメディアの取材や報道が許されるべきではない状況は、テロ事件において存在しうる。また反対に、メディアによる取材や報道が許されるべき状況もテロ事件にはある。またはそれが公共の利益にかなうときもある。これは、複雑なテロリズムの事態においてはケース・バイ・ケースであって、一概に原則を決定できるものではない。そして同時に、この政府のテロ対策の大義も、メディアのジャーナリズムの大義も立場の違いこそあれ、民主主義社会においてはどちらも必要不可欠であり、この力同士がぶつかり合うせめぎ合いこそが重要であり、その激突の間でバランス、均衡をとる社会こそが成熟した民主主義のあり方ではないだろうか。テロリズムにおけるメディアの取材、報道に関する柔軟な運用が、検討されるべきであろう。これらの問題は引き続き第八章で考察する。

第七章　政府・企業による監視社会へ——二〇〇〇年代

イラク日本人人質事件で盛り上がった人質バッシング

九〇年代において、メディアがテロリズムを利用し始めた結果、テロリズムとメディアの共生関係はさらに強化され、テロリズムはかっこうのメディア・コンテンツとなった。その結果、テロリズムはオーディエンスにとって見せ物となり、消費の対象となったのである。こうして二一世紀は幕を開けた。

こうした時代背景の中、二〇〇一年にあのアメリカ同時多発テロ事件は発生した。私たちオーディエンスにとって、あの9・11テロ事件の映像が衝撃的でありながらどこかヴァーチャルな印象をもたらしたのは、メディアによる消費の効果である。その後、アメリカのブッシュ政権による「テロとの戦い」の一環として、アフガニスタン戦争、イラク戦争が発生し、テロリストをかくまい支援したという理由でアフガニスタンのタリバン政権は崩壊し、大量破壊兵器を隠し持っているという理由でイラクのフセイン政権も崩壊した。しかしながら、戦後のイラクの状態は安定せず、戦後復興支援の目的で日本政府は戦後のそのイラクの地、サマーワに陸上自衛隊を派遣したのである。

そのような状況下で、二〇〇四年四月七日、イラク日本人人質事件は発生した。イラクにおいて復興を支援する活動や取材活動を行っていた三人の日本人が、イスラム武装勢力「サラヤ・アル・ムジャヒディン」によって誘拐、拉致されたのである。そして、このサラヤ・アル・ムジャヒディンは、日本政府に対し「イラクに駐屯している自衛隊の即時撤退」を要求した。これは政治的コミュニケーションとしては、典型的な「要求型」人質テロリズムである。そして、この犯行グループの行動パターンは非常に明確であった。アレックス・シュミッドは、暴力行為をコミュニケーションとしてとらえ、そしてテロリズムも暴力によって政治的説得を達成するためのコミュニケーションのプロセスとして分析している。このイラク日本人人質事件をメディアが利用された政治的コミュニケーションとしてとらえると、**図表11**のような構造を持っていたといえる。

テロリストはまず日本人三人を誘拐拉致し（①テロの実行段階）、その人質三人をビデオカメラで撮影し、パソコンでデジタル編集した。そしてそのビデオと犯行声明を衛星放送局アルジャジーラへ送付した（②テロ行為のマスコミへの通知）。それを受け取ったア

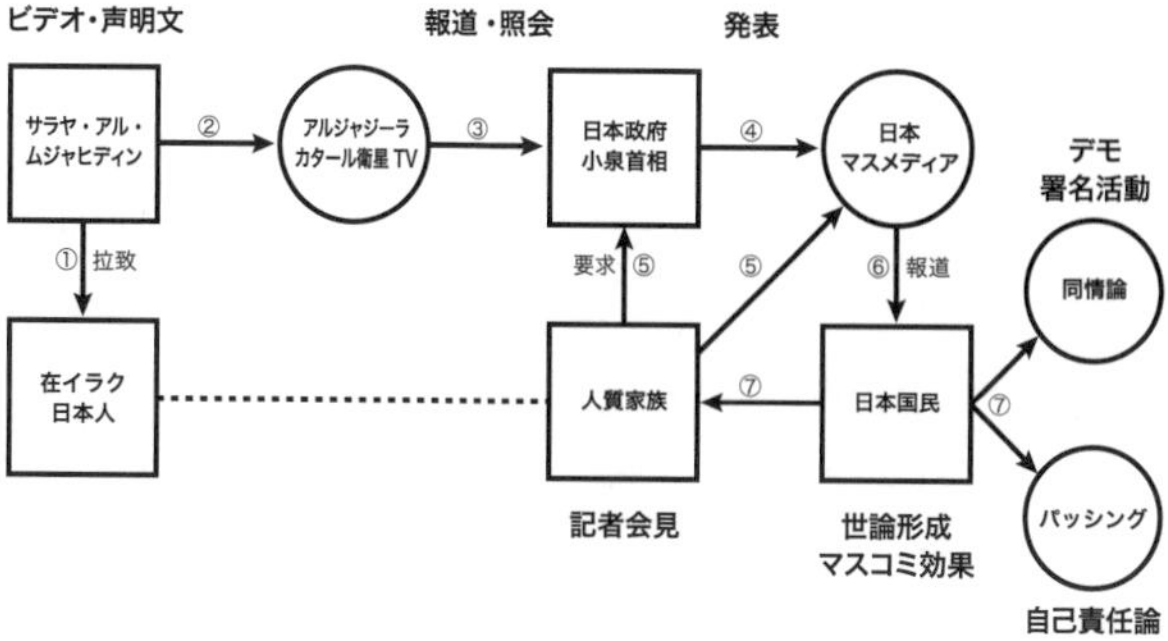

図表11　イラク日本人人質事件におけるコミュニケーション・プロセス

ルジャジーラが世界に放送することによって（③マスコミのテロ報道）、日本政府や世界のメディアがそれを察知することができた（④日本政府による発表）。それに対して、⑤日本の人質家族など事件関係者が記者会見を開くなど対応し、それらや日本政府の発表を、⑥日本のメディアが報道することによって、そのオーディエンスである日本国民がテロ事件を受容したという一連のプロセスである。その結果、メディア報道に触れることで⑦国民の反応（マスコミ効果）が発生し、世論形成にいたる。

テレビ局は連日このイラク人質事件を報道した。ＮＨＫ（『ＮＨＫニュース10』）、ＴＢＳ（『ニュース23』）、テレビ朝日（『ニュースステーション』『報道ステーション』）など夜の主要テレビニュース番組

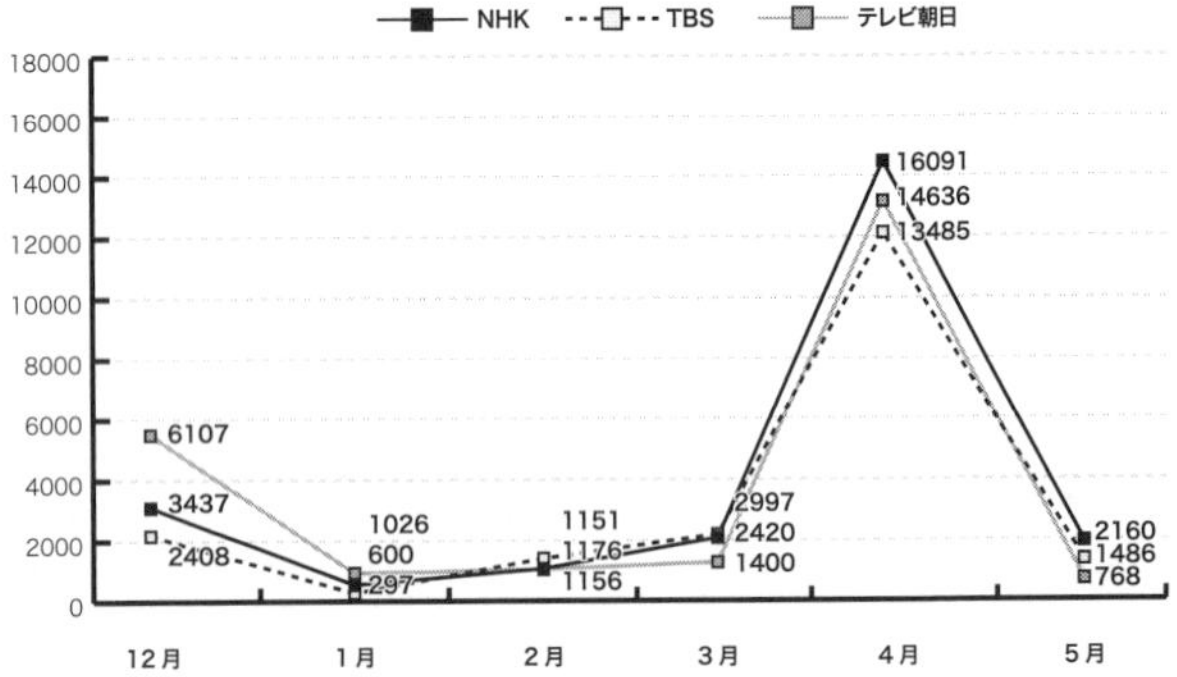

図表12　イラク日本人人質事件前後におけるニュース番組でのテロ事件報道量（秒数）の推移

におけるテロ事件関連報道のこの時期六か月分の内容分析を実施し、テロ事件報道の量的推移をみても（図表12）、この人質事件が発生した四月だけテロ事件関連報道の量が非常に多いことがわかる（福田：二〇〇六bを参照のこと）。

この二〇〇三年一一月から一〇か月間の、先に挙げた日本のテレビ局三局のニュース番組において報道された外国関連報道を集計すると、全体では四二五三項目、放送時間量にして一九五時間二二分二三秒であった。これはテロリズムに限定せず、外国のニュース全体が報道された量である。それをさらに国別の報道量でみると、この時期に日本の夜のニュース番組において流された外国のニュースは、中国や朝鮮半島を含めたアジア（二二六八項目）や、アメリカ（一八四四項目）をおさえて、二四一七項目と中東地域のニュースの報道量が最も多いことがわかった。しかも、その二四一七項目の中東ニュースの中で、イラクのニュースが一八七九項目と、イラク一国に報道が集中していたことがわかった。

このイラク日本人人質事件のテレビ報道は、非常に多くの視聴者の注目を集め、高視聴率を記録した。この人質三人の命を救うため、日本政府は自衛隊を撤退するのか、それともその要求を拒絶するのか。どうやってテロリストと交渉し、人質を救出するのか、メディアにおいても議論がなされ、人々はその動向をメディアで見守ったのである。このテロリストの犯行によって、日本の世論は二分された。

まずは、人質を救うための署名活動や、自衛隊の撤退を要求するデモが発生した。テロリストの要求を受け入れてでも人質を解放すべきだとする「同情論」である。もう一方で、テロリストが撮影した不可解な人質のビデオ映像がテレビで放映された結果、インターネットの掲示板等で「自作自演説」が吹聴され、日本中に広まった。それ以後、日本政府も日本人の入国を規制していた危険なイラクに、自分の意志で入った人質に対する「自己責任論」と呼ばれるバッシングが社会現象となった。

テレビのワイドショーや週刊誌は、この三人の人質のプライバシーを含めて過激な報道を行い、視聴者はそれに振り回された。被害者のプライベートがワイドショーや週刊誌によって暴かれるほど、視聴者の反応は自己責任論に流れたのである。インターネットでも激しい議論が交わされ、この人質事件への対応をめぐって、日本中が大いに盛り上がった。やはり、テロリズムはオーディエンスによって消費されるメディア・コンテンツなのである。

こうして世論が推移する間に、イラク・イスラム聖職者協会の尽力もあり、四月一五日、三人の人質は無事解放された。当初から「自衛隊は撤退しない」とテロリストの要求を拒絶していた当時の小泉純一郎首相は、最後までこの姿勢を貫いたが、この人質三人が無事に解放されたのは、幸運な結果であった。二〇〇四年四月一六日に朝日新聞が実施した全国世論調査において、イラク人質事件への政府対応を「評価する」という回答は六四%、自衛隊撤退要求に応じなかった姿勢は「正しかった」という回答は七三%にのぼった。イラクへの自衛隊派遣については「続けるべきだ」という意見が五〇%で、「撤退すべきだ」という意見の三二%を大きく引き離した。人質への自己責任論のおかげで、また人質が無事解放されたことによって、小泉政権の人質テロに対する対応は高く評価されたのであった。これはメディアがテロリズムを消費した効果である。

しかしながら同時に、このように国策に対する世論が二分される事態が発生すること自体が、このテロリストのゴールであり、テロリストが目論んだテロの効果であることも忘れてはならない。日本人はそれに乗り、まんまとメディアの報道に一喜一憂したのである。

メディア・フレームによって異なる解釈～治安問題か民族運動か?

地下鉄サリン事件を中心としたオウム真理教事件は、イスラム教と同じく、宗教問題とテロリズムの問題の一例として世界から注目されている。しかしながら、私たち日本人は、この事件をあくまでも特殊な宗教と異常な教祖が起こした突発的で不可解な異常犯罪とだけ理解して終わらせていないだろうか。なぜそうなるのか、それはメディアが終始一貫そういう治安問題フレームで報道し、その報道を終了させたからである。

また、ペルーの日本大使公邸人質事件においても、日本のメディアはこのテロを治安問題フレームで報道し、左翼運動、革命運動フレームでは報道しなかった。私たち日本人はMRTAのメンバー全員が射殺され、人質の多くが無事に解放されたことによって、治安問題としての事件は一件落着、終了したと思い込んでいるのではないだろうか。それは日本人だけのことを考えた極めてドメスティックな思考である。ペルーでは、政府とMRTAとの対立はその後も続いたのである。

イラクの日本人人質事件で、この一連のテロが、国際紛争フレームで報道されることはなかった。国際テロリズムの問題が、日本メディアによって常にドメスティックな視点で報道され、日本人オーディエンスにとって常にドメスティックな視点で消費される。

なぜこれらのテロリズムを報道するメディアによって、オーディエンスが持つテロリズムへの印象や解釈、そして反応は異なってくるのであろうか。それこそが、メディアのフレーム効果である。テロリズムに関するメディアのフレームの軸は、二つに大別することができ、一つ目のフレームの軸が、そのテロリズムを報道する際のニュースのテーマである。発生したテロ事件が、どのようなテーマによって意味づけされるかによって、フレームは異なってくる。オウム真理教事件のメディア報道は、治安問題フレームか、宗教問題フレームか。ウイグル問題のメディア報道は、治安フレームか、民族運動フレームか。中国当局による報道では常に、ウイグル問題は治安フレームに偏る傾向がある。このように、メディアの報道には常にフレームがはめられているのである。そのフレームから、私たち視聴者はテロリズムをのぞいているに過ぎない。

そして二つ目のフレームの軸は、国内テロか国際テロかによって異なる軸である。ブリジット・ナコスは、国内テロリズム（一国の国民、領土を対象とする政治的暴力）の報道と、国際テロリズム（二か国以上の国民や領土を対象とする政治的暴力）の報道の差異について分析している。

国内テロは、一般的に国内犯罪として処理されるため、ナコスが言う「黄金の三角形」（ホワイトハウス、国務省、国防総省）のネットワークの中で事態は処理され、そこから供給される情報にメディアは依存せざるを得ない。こうして、テロリストが悪者で、政府が正義の味方となる、勧善懲悪のフレームが構築される。そして、テロリストによる犯行に巻き込まれる可能性もあり、当事者性の高い国民も潜在的な被害者の一部として、政府を支持するという構造が生まれる。このようなドメスティックな治安問題フレームの中で、メディアは公共の治安と安全を回復するために機能するのである。

しかしながら、国際テロの場合、この政府の「黄金の三角形」は情報コントロールの主権を握ることはできない。なぜなら、現場が外国であったり、人質や被害者が外国人であったりすることによって、ドメスティックな領域を飛び出し、メディアは外国の現場や、テロリストに情報の供給を依存することになる。こうして、国際テロの中では、テロリストとメディアの共生関係はより発生しやすくなるのである。これはニュースの供給源の主導権争いに起因する問題であり、メディアのニュース・ソースの問題である。ナコスが指摘するように、アメリカの国外で発生したイラン・アメリカ大使館人質事件や、TWA847便ハイジャック事件では、情報供給の主導権をテロリストに握られた政府は、対応が後手に回り、メディアはテロリストに利用された。

消費の論理からテロのリスク化へ

テロリズムが国際紛争フレームや、民族問題フレームなどによってメディア報道されず、常に治安問題フレームとして報道された結果、オーディエンスにとってテロリズムとは、悪であるテロリストが正義の政府によって鎮圧されるかどうかを語るメディア・コンテンツとなった。これは、勧善懲悪ストーリーのドラマに対する消費である。その結果、その文脈として重要な、民族問題や国際紛争は常に背景に押しやられる効果を発揮する。これは、テロリズムを題材としたフィクション映画による影響が大きい。ブルース・ウィリス主演の『ダイ・ハード』シリーズや、トム・クルーズ主演の『ミッション：インポッシブル』シリーズなど、ヒーローがテロリストと戦うフィクション映画は多く、正義のヒーローによって必ず世界は救われるのである。現実のテロリズムを参考にしたフィクション映画と、それら映画の演出を参考にしたドラマティックなワイドショー報道の両者が近接し合った結果、オーディエンスはその両者を同じ論理で消費する態度を身につけるのである。

こうして、テロリズムがメディア・コンテンツとして消費された結果、テロリズムを管理する社会への国民的合意は飛躍的に進んだ。さらに、テロリズムをリスク・コントロール、リスク・マネージメントする発想でメディアがフレーム化した結果、消費社会はテロリズムをリスク化するだけでは飽きたらず、テロリズム以外のあらゆるものをリスクとして警鐘を鳴らすことで、「リスク消費社会」が到来した（福田ら：二〇〇五を参照のこと）。私たちが生活する社会にある、食品、化粧品や住環境さらには遊具までもが安全でない、リスク認知の対象となったのである。

リスク社会学の世界的な権威であるウルリッヒ・ベックは、現代をリスク社会として規定している。ベックによれば、再帰的近代化の過程によって、リスクが個人化し、潜在化、普遍化、複合化しながら、個人の環境はリスク化していくのである。そして、それはグローバリズムによって、世界的に発生する。「世界リスク社会」における三つの世界リスクを、ベックは①環境・気候問題の危機、②世界的な金融危機、③国境を越えた国際的テロ・ネットワークによるテロの危機と分類している。環境問題、金融危機、テロリズムは国境を越えて世界が共有するリスクとなったのである。

二〇〇一年以降、ここで初めて、テロリズムは国家または個人によって管理されるべきリスクの一つとなった。イラク日本人人質事件において、日本国内で自己責任論が発生したが、これは単なる偶然ではない。自己責任とは、リスク・マネージメント、リスク・コントロールの概念であり、「自分がリスクを背負ってイラクに入国したのだから、自分の責任である」という論理である。そして、そのリスクは国家が背負うものではなく、あくまでも自己の負担であるという発想は、まさにテロリズムというリスクの個人化を意味している。すでに、現代の日本社会において、テロリズムのリスク化の意識は根づいているのである。そしてそれは、テロリズムの消費の後にやってきた、次の新しい時代である。日本人は、すでにテロに対して、自分を取り囲む多様なリスクの一つとして意識していることを、筆者は社会調査によって検証してきた（福田：二〇〇八を参照のこと）。

リスク消費社会の誕生〜リスクを売り物にする企業と広告代理店

二〇〇〇年代以降、テレビCMなどの広告でもこのリスクを訴えることで、商品を売ろうとするリスク・コミュニケーション的広告が増え、商品が売り上げを伸ばした。「あなたの周りには危険がいっぱいです。しかし、この商品があれば大丈夫、この商品は安全です」という恐怖説得コミュニケーションの方法である。食品をはじめ、衛生用品、化粧品、玩具、家、車、保険などさまざまな商品において、このレトリックが使用された。これはリスク社会の到来に対する企業と広告代理店によるリアクションであり、そのリスクCMがさらに人々のリスク意識を高め、リスク社会への流れを加速させるという結果となった。まさに負のスパイラルである。

筆者を代表とする研究グループは、「リスクメッセージを含む広告表現とその受容に関する実証研究」において、このリスクを売り物にする企業とそのCMにおけるリスクメッセージ、そしてそれを受容する消費者の意識の関係を実証した（福田ら：二〇〇五を参照のこと）。この研究は、財団法人吉田秀雄記念事業財団から、第三回吉田秀雄賞を受賞した。吉田秀雄氏とは日本を代表する広告代理店の電通の中興の祖として「広告の神様」と呼ばれた人物であり、この研究が吉田秀雄賞を受賞するということ自体が、このリスク消費社会における逆説であり、皮肉である。この研究の中で、筆者は現代を「リスク消費社会」と呼んだ。

消費者はメディアのCMやニュースによって、不安を煽られ、不安を回避するために安全な商品を買う。メディアはこのようなマッチポンプ的な役割を演じ、その結果、消費者は踊らされる。これはテロリズムとメディアの問題と相似的な構造を持つ。こうして、安全が徹底して管理される社会が到来する。リスク社会においては、あらゆるリスクは管理されなければならない。テロリズムも現代人にとってリスクのひとつなのであれば、他のリスクと同じようにリスク・コントロールされなければならない。二〇〇〇年代以降、テロリズムはその管理されるべきリスクのひとつになった。こうして、テロ対策は日本においてもタブーではなくなった。小泉純一郎首相が主導し、政府が国民保護計画を策定するにはちょうどよいタイミングだったのである。そしてその流れを世界規模で決定づけたのが二〇〇一年の9・11テロ事件である。

監視カメラ、バイオメトリクス、ユビキタス～監視社会へ突き進む世界

9・11テロ事件の後、ブッシュ大統領は「テロとの戦い」、「対テロ戦争」のために、アフガニスタン戦争を実行した。国外的にはテロリズムの撲滅のため、テロ対策のための国際的取り組みと協力体制を確立した。反テロリズムのグローバルな体制である。日本もその一翼を担っている。そのために、いわゆる「テロ特措法」を制定した。その結果、アメリカによるアフガニスタン戦争を後方支援するため、海上自衛隊をインド洋に派遣し、補給艦による米海軍艦艇への燃料補給などを行ってきた。その後、対テロ戦争は、大量破壊兵器を隠し持つと疑惑視されたイラクのフセイン政権を標的としたイラク戦争へと飛び火し、現在もアフガニスタン、イラクを中心にしてその周辺国家のパキスタンやシリア、イランなどを含めた広範囲なテロとの戦いが続いている。

その一方で、ブッシュ政権はテロとの戦いのためにテロ対策の国内政策を進めた。まず二〇〇一年一〇月に成立した二〇〇一年アメリカ愛国者法である。これは、アメリカのテロ対策を進めるために政府当局におけるテロ対策の権限を大幅に拡大した法律である。テロ対策の名目があれば、電話やメールなどの通信記録から金融情報、出入国情報などを管理する権限が政府に与えられたのである。そして、翌二〇〇二年一一月の国土

安全保障省（DHS）の設立である。初代長官はトム・リッジである。①国境および運輸保安、②緊急事態への準備・対応、③科学技術の管理、④情報分析および社会基盤（インフラストラクチャー）の保護が主な柱である。

これらのテロ対策の整備によって、アメリカでは多くの変化が発生した。テロリストの入国を水際で止めるために、空港における出入国管理が徹底された。実際、世界各国で出入国の際に外国人旅行客が指紋を採られたり、バイオメトリクス技術で目の虹彩をチェックしたりする生体認証システムが導入されているが、それによってテロの被害から航空機が守られるのであれば仕方がないというのが利用者の心理である。また、マネーロンダリングによるテロ資金の洗浄を防ぐために、金融の監視体制が強化された。実際、自分の国がテロリズムの脅威から安全であったとしても、自国の銀行や金融システムがテロリストによって活用されていたら、それはテロリズムを支援したことになる。それを防ぐための努力が進められている。さらに、インターネットを使ったサイバーテロを防止するための監視体制が強化された。またテロリストの情報交換やデータ交換、犯行声明の公表やリクルートのためにインターネットは活用されており、それを監視するシステムも構築された。イスラムを中心とした国際政治学やメディア研究で有名な鶴木眞教授は、前者のテロをサイバー・テロ、後者をサイバー・システッド・テロとして区別し、とくに後者の活動をテロ対策でカバーすることの重要性を指摘した。

これらのテロ対策は全世界的にグローバルな体制が必要になる。よって国連を中心にしてグローバルなテロ対策として世界的に進められている。当然、世界レベルに合わせて日本もこれらのテロ対策を進めてきた。日本の本土をテロリズムの直接的な被害から守るための措置でもあるが、それ以上に、他国で発生するテロ事件であっても、そのテロリストが日本の空港を利用したり、日本人のパスポートを偽造して使っていたり、また日本の金融機関でマネーロンダリングをしたり、日本のサーバーを使って情報交換していたら、それはそのテロリズム活動を放置した日本国家の責任なのである。

9・11テロ事件では、世界一といわれたアメリカのインテリジェンス網をかいくぐった、これほどまでに大規模な同時多発テロ事件の発生をなぜ許したのか、インテリジェンスの失敗が問題となった。コロンビア大学のリチャード・ベッツ教授が世界的に有名な学術誌『フォーリン・アフェアーズ』（二〇〇二年一・二月号）で発表した論文の中で、アメリカにおけるインテリジェンスの失敗とその改善策を論じているが、このインテリジェンスの再構築がテロ対策の目玉のひとつとなった。この頃のインテリジェンス批判は、メディア技術が進化した結果、インターネットなどの通信上の情報の分析（シギント）に偏り、人的な諜報活動による分析（ヒューミント）が疎かになった点、FBIやCIAなどにあるテロ対策の情報がバラバラに集められ、そして集約されることなく政策に活かされないセクショナリズムの問題などに集約される。その結果、FBIやCIAなどインテリジェンスの諸機関を、新設したNCTC（国家テロ対策センター）とともにテロ対策のために統合運用し、それぞれの機関がテロリズムに関して同じ情報とネットワークを共有することになった。また、自然災害や大規模事故などの危機管理の業務をメインとしていたFEMA（米連邦緊急事態管理庁）をDHSと統合することで、アメリカにおいてあらゆる危機に対応できる総合的な危機管理体制が構築された。

さらには、空気中の生物兵器を探知し発見するためのバイオウォッチ・プログラムや、空気中の化学兵器を探知するためのプロテクト・システムなど、莫大な予算投下のもと、最先端の技術を使ったテロ対策のシステム構築が進められている。また、テロ事件において現場に急行する警察や消防、救急隊員などのファースト・レスポンダーの活動を支援するためのシステムとして、ICタグやモバイル情報通信端末などさまざまなユビキタス技術が活用されている。ロンドンの同時多発爆弾テロ事件の犯人も、イギリスの監視カメラCCTVによって撮影されていたように、監視カメラは世界中の街頭に設置されつつあるが、危機を事前に察知し、事件を解決するための技術はこうした監視カメラだけではなく、テロ対策のあらゆる現場において幅広い技術の進化をもたらした。かつては、戦争が科学技術を進化させてきたが、現代ではテロ対策という最先端の現場において、科学技術は日々進化を遂げているのである。

こうしたテロ対策の法整備、制度改革、組織改革と同時に、新たな技術やメディアがテロ対策のために社会に導入され、社会はより「安全（security）」になりつつある。そして、こうした努力のもとに一般市民は「安心（safety）」を取り戻した。しかしながら、こうしたテロ対策の努力によって得られた安全・安心の上に、犠牲になりつつあるものの存在に気づいたのである。

「自由・人権」vs「安全・安心」という社会的葛藤

ブリジット・ナコスは、9・11テロ事件以後、ブッシュ政権が「テロとの戦い」の名の下に二〇〇一年アメリカ愛国者法などのテロ対策法制を制定する過程において、市民の自由が制限されることに対して、メディアが批判することなくそれに同調したことを批判している。アメリカ国民の中にも、9・11テロ事件による心的ショックによって、「テロと戦うためには市民の自由を部分的にあきらめざるを得ない」という世論が広がったのである。

社会の安全・安心を守るためには、市民の「自由（liberty）」と「人権（human rights）」が制限されても仕方がないという考え方である。このように欧米社会では、この「自由・人権」という概念と「安全・安心」という概念は対立するもので、どちらかを優先すればどちらかを諦めねばならないという、トレード・オフの関係にあると信じられている。これは、テロリズムだけの問題ではなく、一般の戦争や自然災害など大規模な危機において一般的に発生する普遍的な問題である。アメリカだけの問題ではなく、世界中の民主主義国家、法治国家においてこの問題は存在する。日本においても、有事法制や国民保護法制においてこの両者の対立は大きな問題であり、日本国民にもその決断が迫られている。日本でも近い将来において、そのことが社会を二分する論争になることは間違いない。

しかし、この両者の対立は戦時と平時を切り替えれば済むような単純な問題ではない。テロ対策の中でも特にインテリジェンスの分野においては、平時において、つまり普段の社会生活における一般市民の人権や自由に触れる問題が発生する。コロンビア大学のロバート・ジャービス教授は世界を代表する安全保障研究、インテリジェンス研究の権威であるが、この民主主義時代における「自由・人権」の問題と「安全・安心」の問題の対立を指摘し、民主主義社会におけるテロ対策、インテリジェンスのあり方を考察している。

つまり、問題はこうである。自然災害においては、例えば地震が発生した事後において、または台風やハリケーンが到来する事前から事後において、限定された時間、限定された空間においてのみ有事の対応が適用され、その間だけ一般市民の自由・人権が制限されて安全・安心が優先されることがあっても、この事態が終了すれば社会は平常に戻ることができる。つまり、自然災害においては非常時と平時の区別は明確である。また、戦争という事態においても、対外的インテリジェンスや外交政策は常に平時と戦時に関係なく遂行される必要はあるが、それ以外の国内の対応については、戦時と平時の区別は比較的明確にしやすく、また明確にされなければならない。しかしながら、テロ対策においてはこの平時と戦時、非常時の区別は容易ではないのである。

テロリズムが事件として顕在化し、事件が発生した場合には明らかに非常時であるが、それがいつ起きるかどこで起きるか突発的で全くわからないようでは、国民の生命と安全は守ることができない。つまり、テロ事件が発生した事後対策だけでは国民の命を守ることは難しいのである。そのため、テロリズムという有事による被害を未然に防ぎ、防止するためには平時においてテロリズムを監視するという論理が必要になる。それがインテリジェンスであり、いわゆるテロ対策である。これらの具体例は、先の節で紹介したような出入国管理や、通信管理、金融管理など様々な面に及ぶ。テロリズム対策にとって重要なのがこうした事前の対策である以上、平時において市民に対する自由・人権を制限せざるを得ない状況が発生しやすい極めてクリティカルな問題なのである。さまざまな危機、リスクにおいて、テロリズムにおける自由・人権と、安全・安心のバランスの問題が一番困難で、かつ一番重要であるといえる。そしてこれには、個人のあらゆる自由だけでなく、メディアにおける表現の自由、報道の自由なども含まれる。

テロリズムなどの有事において国民の安全・安心を守るためには、国民保護法制のようなテロ対策法制は必要不可欠である。それなしで国家が国民の安全・安心を守ることはできない。しかしながら、民主主義社会においては、ジャービスが指摘するように、自由・人権を守ることとのバランスを考慮しながら、この異なる二つの価値の対立の間で、柔軟な運用と国民の健全な合意が必要なのである。軍隊（ミリタリー）と文民（シビル）の間のシビリアン・コントロールが重要なように、そのアナロジーとして、文民によるテロ対策のシビリアン・コントロールが重要であると、ジャービスは指摘する。「インテリジェンスやテロ対策は危険であるが、しかし必要である」以上、民主主義社会では国民がテロ対策をコントロールする議論が必要なのである。そのためには、「自由における優先順位」の考察が必要であると、リチャード・ベッツは指摘する。ベッツもまた、テロ対策とインテリジェンスにおける自由と人権の問題を克服するための方策を模索している。

民主主義社会において、この「安全・安心」という価値と、「自由・人権」という価値のバランスをどのようにとるか、日本もこれからこのテロ対策における理念的問題を避けることなく、徹底的に議論しなければならない。

第八章　テロリズムに対してメディアはどうあるべきか

政府とメディアの関係はどうあるべきか

これまでテロリズムがメディアを利用することによって社会に影響を与えてきた実態を見てきた。そしてメディアもそのテロリズムを利用する傾向があること、さらにはそのテロリズムとメディアの共生関係について考察してきた。そしてその相互作用によって、負のスパイラルが発生し、テロリズムは大規模化してきたのである。このようなテロリズムとメディアの共生時代において、テロに対してメディアはどのような態度をとるべきなのだろうか。そしてテロと戦う政府はメディアに対してどのような態度で臨むべきなのだろうか。テロリズム問題における政府とメディアの関係のあるべき姿について、この章で考察したい。

アレックス・シュミッドによれば、メディアの完全な自由報道が保証される自由放任主義以外には以下の三つの方向性が認められる。①政府による検閲、②政府とメディアの調整、③メディア内部の自主規制の三つである。第二次世界大戦という世界的危機において各国で多くのメディアが政府の検閲下に入ったが、この検閲という手段は、民主主義社会が健全に機能するためには望ましい方法ではない。現在でも、北朝鮮をはじめとする社会主義体制の国家ではこうした政府によるメディアの支配は残っているが、自由主義陣営における先進国には、すでにこのような検閲制度は基本的には存在しない。

そうなると、残るアプローチは、②政府とメディアの調整と、③メディア内部の自主規制の二つである。②政府とメディアの調整というアプローチの典型例は、ＤＡノーティスという世界でも特殊な制度を持つイギリスである。そして、③メディア内部の自主規制というアプローチの典型例は、世界を代表するメディア大国、ジャーナリズム大国であるアメリカであるといえる。アメリカの場合は、民主主義国家として建前上、限りなく自由放任主義に近い形をとるが、さまざまな法制度の上に政府とメディアがときには対立し、そしてそれを克服しながら両者の関係が進歩してきた歴史的経緯がある。

日本のメディアにはどのようなアプローチがあてはまるかといえば、テロリズムや戦争などの有事におけるメディアの機能については、②政府とメディアの調整的アプローチでも、③メディア内部の自主規制的アプローチでもなく、未だ何も確立されていない状態であるといわざるを得ない。それは、戦後の日本でこのようなテロや戦争などの危機事態を想定して対策を立てることがタブー視されてきた歴史的事情によるところが大きい。日本がテロリズムに関する政府とメディアの関係を確立するために、どのようなアプローチを採用するべきであるか、その検討材料としてイギリスの事例と、アメリカの事例を順に概観してみたい。

イギリスのBBCにおける対テロリズム・ガイドライン

イギリスの公共放送局であるBBCは独自の報道ガイドラインを作成している。『プロデューサーズ・ガイドライン』(エディトリアル・ガイドライン)と呼ばれるこのガイドラインは、定期的に更新され現在は全体で一八章からなる。このガイドラインは、冊子としても局内で利用されているが、インターネットでも、BBCのホームページで見ることができる。

その中には普段のニュース報道に関連する記者の取材活動における心得のようなものから、戦争やテロリズムなど国家安全保障に関わる問題まで、幅広いガイドラインが細かく策定されている。

例えば七章の「犯罪と反社会的行為」では、「犯罪報道」において、一般の犯罪事案における被疑者のインタビューがその報道によって視聴者に与える影響力について意識的であるよう指摘されている。また、一一章の「戦争、テロと緊急事態」では、テロ問題における報道の独立性、テロリストが使用する専門用語をどう扱うかの問題、爆破予告について、危害を受ける可能性がある個人についての扱い、テロリストのインタビューなどに関する報道について方針をまとめている。以下にその一一章の一部を抜粋して要約したものを紹介したい。

【一一章　戦争、テロと緊急事態】

〈テロ〉

テロ報道は素早く、正確で、かつ十分な情報で責任の持てるものでなければならない。感情論や価値判断を伴う不注意な言葉の使用によって、報道の信頼は損なわれる。「テロリスト」という言葉自体が、問題の理解の障壁となることがある。我々は他者が使用している言葉をそのまま使用すべきではない。裁判手続きでない場合には、彼らが使う「解放」「軍法会議」「処刑」などの用語の使用は不適切である。我々の使命は報道の客観性を維持することである。

〈二〇〇〇年テロリズム法〉

我々は二〇〇〇年テロリズム法のもとに定められた各種の条件にあてはまる情報に関しては、警察に対して開示する義務を負っている。開示義務に定められた情報を開示しなかった場合には最長五年の懲役刑の犯罪行為となる。ＢＢＣスタッフはどのような場合でも、この問題に触れる場合にはＣＥＰ（コントローラー・エディトリアル・ポリシー）の判断を仰ぐこと。

〈脅威といたずら〉

もしも爆破予告などの信用できる特定の脅威を、電話やファックス、電子メールなどで受けた場合には、適切な責任者に連絡することを最優先すること。その場合にも、爆破予告で使用されている暗号や、安全保障上の詳細、重要な情報を外部に漏らしてはならない。その標的となっている人が危険にさらされないように注意しなければならない。いたずらであると判明した事件については報道しない。

〈舞台設定された行事〉

テロ組織や危険指定団体によって設定された行事への出席の依頼については、上司の編集者や責任者の判断を仰がねばならない。また、イギリス国内であっても海外であっても、市民に対して脅威となる行事や民兵組織による行事の撮影および放映の依頼については、CEPの判断を仰がねばならない。

〈ハイジャック、誘拐、人質拉致〉

ハイジャックや誘拐、人質拉致などの事件においては、我々はイギリス国内や海外において放送、出版されるものが犯人の目や耳に入る可能性があることを認識する必要がある。背景や影響を考慮した報道が重要であり、犯人によって得られる何ものに対しても、特に彼らが我々メディアに直接接触を試みた場合に対しても、倫理的な注意を払うべきである。犯人とは放送中にインタビューしない。犯人から得られたビデオや音声は放送しない。これらの事件を報道する場合には、警察をはじめ関係機関にアドバイスを仰がねばならない。

このようにテロリズムに関する詳細な事項が網羅されている。そして、このガイドラインに触れるような事態が発生した場合には、CEPと呼ばれる編集担当者の指示や許可を必要とし、局内でガイドラインにそって、その素材をどのように編集するか、放送すべきかどうか、その報道に関する検討が行われる。筆者は二〇〇〇年にロンドンにおいてこのBBCでCEP担当者であったフィリップ・ハーディング氏に直接面会し、ヒアリング調査を実施したことでこのシステムの詳細を知った。BBCにはCEPのオフィスがあり、そこには大量の部内資料が貯蔵されていた。非常に歴史のある制度で、BBC内部ではシステム化され、うまく運営されている。ではなぜ、イギリスの放送局であるBBCでこのようなガイドラインが作成され、このようにテロリズムに関連する項目が充実しているのだろうか。確かにイギリスは、世界的に有名なテロ組織であるIRA（アイルランド共和国軍）と長年の間の闘争を繰り広げてきた。しかし、それだけではない歴史的要素がイギリスには存在するのである。

イギリスにおけるDAノーティス制度〜会議による協調・討議型モデル

イギリスにおける政府とメディアの関係の中で特徴的なのが、「DAノーティス（Defence Advisory Notice）」である。DAノーティスとは、イギリス政府の代表とテレビ、新聞、出版、ネット等の各メディアの代表が合同でDPBAC（Defence, Press and Broadcasting Advisory Committee）という機関を常時設置し、安全保障問題に関わるような報道が発生した場合に、国家と国民の安全のためにその報道を検討する制度である。当然、この安全保障問題には戦争だけではなくテロリズムも含まれている。このDPBACには、BBCやITV、「フィナンシャル・タイムズ」、「デイリー・メイル」などイギリスの代表的なメディアがメンバーを随時交替しながら加入している。事態によっては、報道の自粛を要請する場合もある。このDPBACの会合に、BBCを代表して参加するのがCEP担当者である。

この制度は、第一次大戦前の一九一二年に「Dノーティス」（Defence Notices）という名称でスタートした。当時の社会で大きな力を持ちつつあった新聞や雑誌などのメディア報道によって、軍事上重要な情報や国家安全保障に関わる情報が国内や外国に漏洩することを懸念したイギリス海軍本部が呼びかけ、新聞社、出版社などメディアの代表と政府、軍の代表を中心とした会合が発足した。

現在のDAノーティスは政治的な制度としてシステム化され、また文書化されている。この文書は公開されていてインターネット上でも閲覧することができる。そして、その中で、メディアと安全保障の問題に関して議論が必要になる問題として、以下の五項目が明示されている。この五点に関わる報道は、安全保障上、報道してよいかどうかの合意が政府とメディアの間で必要になるのである。このようにDAノーティスとは公表された文書として存在し、そして諸機関が安全保障と報道の問題を検討する制度としても存在している（福田：二〇〇五を参照のこと）。

①軍の作戦、計画及び能力
②核兵器、通常兵器及び装備
③暗号、通信の安全
④特定施設の場所
⑤イギリスの安全保障、情報機関および特殊部隊

テロリズムについての報道に関する規制や対策なども これに含まれる。年に二回のDPBACによる定期会合があり、そこでDAノーティスに関わる報道の検討会が行われるが、普段の報道においても緊急を要する判断が必要な場合、メディア各社がそれぞれ持っている自社の報道ガイドラインの中で検討し、その結果、DPBACの判断が必要となった場合にはその事務局にメディアから問い合わせがなされる。このDPBACの事務局は代々、国防省内部に設置されていて、その事務局担当者も軍人である。二〇〇〇年に筆者がこのDPBACをヒアリング調査で訪れた際には、事務局担当者はニック・ウィルキンソン海軍少将であった。

ここまで説明すると、軍人が事務局を務める会議においてメディアと政府がテロリズムや戦争に関する報道を協議している制度として、読者の皆さんはネガティブな印象を持つかも知れない。しかし、日本やアメリカとは全く異なる歴史や法制度を持つイギリスにおいては、極めて自然な制度なのである。この制度はあくまでも形式上自発的で任意なシステムであって、この委員会での決定、アドバイスには法的拘束力はない。イギリスには国家機密法があり、マスコミの番組制作者、ジャーナリストが行う、国家の安全保障、国家機密などに関する報道がこの法律に触れる可能性もあり、この法律に反した場合には、ジャーナリストであっても罰せられる。従ってジャーナリストもこの法律の範囲内での行動が要求されるのである。そのため、番組制作者、ジャーナリストがこれらの問題で法律に触れそうな事案について、事前にＤＰＢＡＣにおいて検討することができるのがＤＡノーティス制度なのである。政府が法的強制力をもってメディアの活動を規制するのではなく、委員会の勧告を受けたメディアが公益に配慮して自主的に報道を控えるという形式をとる。つまり、メディア報道が事後的で突発的な法執行により罰せられるのを未然に防ぐため、国家安全保障問題に触れるような情報について、メディアの側からも、政府の側からも事前に協議、検討できる場を積極的に設定したという側面が強いといえる。メディア報道における「表現の自由」と、国家安全保障の問題を、情報公開と機密保護の側面からバランスよく協議するための制度なのである。

これまでの歴史上、ＤＡノーティスにおいて問題となった有名な事例がいくつか存在する。ソ連のスパイとして活動していたイギリスの政府通信本部（ＧＣＨＱ）職員が逮捕された一九八二年の「プライム事件」では、イギリスのメディアは全てその報道を二週間差し止められた。これはスパイからソ連に流れていた情報が重大な国家機密に関わるものであったことと、政府がＧＣＨＱ自体の存在をそれまで認めていなかったためである。また、スパイキャッチャー事件などは非常に有名な事例である。一九六二年ラドクリフ委員会報告書、一九七二年フランクス委員会報告書などの委員会の検討が有名であり、その結果、ＤＡノーティス制度は歴史的に改正が進められ、国家機密法も改正が進んできた。しかしながらこのように社会を賑わした有名な事例以上に、全く社会問題とならずに粛々と進められてきた勧告の事例の方が圧倒的多数であることも事実である。多くの事例が、このシステムの中で人目にも触れず処理されているのである。

このようにイギリスは、テロ対策に関しては世界でも類を見ないほどの法制度を整えている。例えば、二〇〇〇年テロリズム法では、現代のテロ事件に対応したテロの危機管理に関する法律が整備されている。この法律では、①テロの目的、②テロの意図、③テロの外形的行為が定義されている。また、世界的に有名なイギリスの情報機関ＭＩ５の任務を定めたセキュリティ・サービス法では、ＭＩ５の任務として、テロリズムなどを含めた国家安全保障の問題が規定されている。

このように、イギリスの法においては個人の自由の概念に特徴的な「禁止されていないことは許される」という「残余の自由」原則が、政府や国家の行為にも適用されることから、政府が行う戦争やテロ対策、犯罪捜査において、国家、政府には非常に大きな権限が付与されているのが特徴である。法律に存在しないことは、国家も個人もコモンローに照らして常識の範囲内で行うことができるのである。犯罪捜査において、国家安全保障に関わるレベルで、重大犯罪の予防または探知のためには、国務大臣の傍受令状があれば、電話やインターネット、郵便など通信傍受が可能である。

このような歴史と文化があってはじめて、このDAノーティスという制度は成立している。これは政府とメディアの調整による「協調・討議型モデル」と呼ぶことができる。

9・11テロ事件におけるアメリカ政府のメディア対応

自由の国アメリカは、このようなイギリスとは事情が全く異なる。アメリカにおけるメディアの取材活動や報道は、いくつかの法律による規制以外は、当然のことながら原則自由である。しかしながら、歴史上非常に多くの戦争を経験し、テロリズムの被害を多く受けてきたアメリカも、テロリズムや戦争などの国家安全保障とメディア、情報に関するさまざまな法制度がある。

二〇〇一年の9・11テロ事件においては、アメリカにおいてもテロリズムをめぐって、政府とメディアの間に緊張関係が発生した。9・11テロ事件後の一〇月、アルカイダのリーダーであるオサマ・ビンラディンの声明ビデオがテレビニュースによって全米に放映されたのである。テロ事件後、世界から注目されていたこのアルカイダのリーダーがビデオ映像として登場したことは世界に衝撃を与えた。世界中のテレビ視聴者が、ビンラディンのメッセージを、テレビを通じて受け取ったのである。これは、テレビ局にとっては貴重な情報、まさにビッグ・ニュースであり、入手した以上放映しないわけにはいかない映像である。しかしながら、その反面、テレビ局はこの9・11テロ事件の大義名分を、アルカイダに代わって世界にPRする道具にもなるのである。

この問題に対してブッシュ政権の反応は早かった。当時のコンドリーザ・ライス国家安全保障問題担当大統領補佐官が、主要テレビ局に対して、テロリストの声明を放映することを自粛するように要請したのである。このようなアルカイダのビデオ映像には、世界に散らばっているアルカイダのメンバーに対する指令が暗号化されて隠されている可能性があるなどの理由であった。アメリカを代表するテレビ局、NBC、CBS、ABC、CNN、FOXの主要五チャンネルに対する、電話による要請であったといわれている。しかしながら、これはあくまでも要請であって、検閲でも報道規制でもなく、その判断はメディア側にゆだねられているという論理である。しかしながら、そのような政府からのプレッシャーとは別のベクトルで、アメリカのテレビ局や新聞社が反テロリズムへの方向に加速したのは周知の通りである。

ニューヨークやワシントンDCにおいて大量に発生したテロ事件の被害者を悼み、その加害者を批判することは正当なことであるが、その結果、メディアも世論も、ブッシュ政権による「テロとの戦い」を支持し、アフガニスタンやイラクにつながる対テロ戦争を支持していくこととなった。任期を終えたブッシュ大統領の政権末期の支持率が二割程度、アメリカ史上最低レベルの大統領支持率であるにもかかわらず、この9・11テロ事件の直後のブッシュ大統領のテロリズムへの対決姿勢は圧倒的に国民から支持され、その支持率はさまざまな世論調査を平均しても七、八割に上ったのである。9・11テロ事件の直後、CBSの名物キャスター、ダン・ラザーはテレビカメラの前で泣き崩れた。「私は大統領の命令に従います」という彼の番組放映中の発言は、この当時のメディアの状況を物語っている。アメリカにおいてメディアと政府が一体化した瞬間である。

ここに、ノーム・チョムスキーが言うような巧妙な「メディア・コントロール」はあったかもしれないが、明らかな報道規制や検閲は存在しなかった。むしろ、権力による報道規制や検閲がなくても、世論の圧力や正義感などによってもメディアの報道は一色に塗りつぶされ、権力を支持する方向に突き進むことができるのである。チョムスキーが指摘するように、アメリカの国家とメディア、国民が一体となって戦争を支持し、アメリカと中東諸国とが戦争状態に突入する事態こそ、オサマ・ビンラディン率いるアルカイダが目論んだ通りのシナリオであった。二〇〇八年のムンバイ同時多発テロ事件後のインドとパキスタンの軍事的緊張、二〇〇九年のイスラエルのガザ侵攻でもそうであったように、テロリズムは戦争を起こし、世界を混乱させるための道具や原因にもなるのである。

アメリカにおける政府とメディアの関係～法規制による対立・克服型モデル

この9・11テロ事件において、ブッシュ政権はアシュクロフト司法長官らによるメモランダム（指示書）によって、連邦政府機関に対し、情報自由法に基づいた情報開示が請求された場合でもなるべく情報を開示しない方針を示したといわれている。

この「情報自由法」は一九六六年に制定されている。これは一部の例外を除いて、国民の誰もが連邦政府に対して行政記録の開示を要求することができる、とするものである。ケネディ大統領の死後その大統領職を引き継いだ当時のリンドン・ジョンソン大統領は、民主主義は国家の安全が許す限りにおいて、すべての情報を国民が知るときに最もうまく機能する、という原則を強調した。この情報自由法はその後も、有名なウォーターゲート事件をきっかけとして情報開示を進展させるために一九七四年に改正されたかと思えば、一九八六年の改正においては情報公開を抑制する方向で改正が行われているなど、歴史的に変容してきた経緯がある。

この情報自由法には九つの例外規定があり、その一番目の例外規定が、大統領令によって定められた国防、外交政策における機密である。つまり、アメリカといえども、大統領が国防政策、外交政策上、秘密にすべきと判断した情報は、国民には公開されないのである。これがジョンソン大統領のいう「国家の安全が許す限りにおいて」という原則である。さらに「議事公開法」によっても、議会議事が公開されることが原則となったが、ここでも「公開例外」条項が設けられ、その第一項目が「国防または外交政策に関する記録中、大統領令に明記された秘密指定の基準に該当する記録」の保護とされている。このようにアメリカで積極的な情報公開政策を進めることを可能にしている背景には、国家安全保障に関する機密情報を保護するシステムが前提として存在していることとを看過してはならない。積極的な情報公開制度には、国家機密保護制度の充実が不可欠なのである。

他にも、政府とメディアの関係にかかわる重要な法制度として、アメリカには有名な「防諜法」がある。第一次世界大戦に参戦することを決定した民主党のトーマス・ウッドロウ・ウィルソン大統領は、その戦争の準備のためにさまざまな法律を制定した。ウィルソン大統領は国際連盟につながる国際平和機構の発足を主張するなど、現代ではリベラルな側面が強調されているが、世界大戦への参戦のためには周到な用意をした。そのような時代背景の中で一九一七年に制定されたのが、「防諜法」である。これは軍事機密の保護や諜報活動の禁止が目的である。第一次大戦という事態において発生したものであったが、この防諜法によって、政府は戦争や軍事機密に関する報道に関して、新聞などのメディア報道を規制し、個人の言論の自由、表現の自由に制限を加えることが可能となった。現在もこの防諜法の流れをくむ合衆国法典の各種が存在している。例えば、この防諜法によっては次のような行為を行ったものが処罰の対象となった。一部を抜粋して概要を紹介する。

・国防上の立入禁止区域に入り、情報収集を行う者。
・国防上の情報が含まれる写真、地図、文書等を複写、撮影した者。
・国防上の情報を正当に保持しながら、禁止されている他者に提供した者。
・国防上の情報を外国政府に提供し、戦時に米軍の情報を交戦国に提供した者。

これらの条件は当然、メディアにも適用される。このように、アメリカには防諜法などの法律が存在する上で、そしてさらに公開例外規定を定めた上で、情報公開が運営されている。つまり、国家の安全を保護するための最低限の例外規定を担保した上で、自由な報道が認められているのである。その結果、協調・討議型のイギリスとは異なり、アメリカでは政府とメディアの間で報道にまつわる大規模な事件が発生することがある。

二〇〇三年七月に発覚した、ニューヨーク・タイムズのジュディス・ミラー記者によるCIA工作員身元漏洩事件においては、ミラー記者は連邦法違反で収監された。CIA工作員の身元はその業務上当然秘密であり、「諜報員身元保護法」により保護されていて、新聞紙上でその氏名を公表することは連邦法違反に当たるのである。このように、アメリカでは法制度の下に、メディアの報道の自由が保障されているかわりに、その法制度に抵触した場合には、ジャーナリストといえども躊躇なく法に裁かれる文化がある。しかしながら、アメリカのジャーナリズムにはこのようなネガティブな側面だけでは語れない、メディアの勝利ともいえる事例が数多く存在することも確かである。

ペンタゴン・ペーパー事件～アメリカのメディアの勝利

二〇〇一年の9・11テロ事件以降、ブッシュ政権が「テロとの戦い」を進めながら、さまざまなテロ対策を実施してきたことは、これまでも述べてきたとおりである。その過程において、アフガニスタン戦争、イラク戦争が発生した。その過程で、ブッシュ政権は、安全保障に関わる秘密を漏洩するメディア報道はテロ対策を妨げるものとして、記者、ジャーナリストに対する大規模な情報漏洩調査を展開してきたといわれている。

しかしながら、メディアもこれに黙っているばかりではなかった。イラクには大量破壊兵器は存在せず、イラク戦争には大義がなかったことが明らかになった。ここから、アメリカのメディアは一斉に反攻に転じたのである。メディアの調査報道によって、ブッシュ政権が行ってきたテロ対策の中に、違法性の高い活動が多く含まれることが発覚した。その代表的な事例を見てみよう。

そのひとつが、二〇〇五年のワシントン・ポストのキャンペーン報道によって発覚した、秘密拘置所問題である。いわゆるグアンタナモ問題である。キューバにある米軍グアンタナモ基地のテロ容疑者収容所において、アルカイダの関係者と思われる多数の容疑者が秘密裏に拘禁され、拷問が繰り返されていたのである。アメリカでは法によって拘禁された容疑者を秘密の拘置所に入れることは認められない。しかも、このようなテロ容疑者収容所はグアンタナモだけではなく、アフガニスタン、タイなど世界八か国に存在することがメディア報道によって明らかになった。この問題はメディアが報道しなければ、テロ対策という闇に隠れたままで、誰も知ることがなかった事実である。二〇〇六年には国連も拷問禁止委員会においてこれらの収容所の閉鎖を要求した。明らかにメディアの勝利であった。二〇〇九年の一月、ブッシュ政権の最後になって、元判事のスーザン・クロフォード氏が、拷問の実態を認めたことをワシントン・ポストは報道している。

さらに有名な事例としては、イラクのアブグレイブ刑務所での捕虜虐待事件が、米兵の内部告発により発覚している。メディアがこの問題を報道し、刑務所内で撮影された捕虜の虐待写真が世界中に報道された。この事件もメディアの力がなければ世には出なかったであろう。これは明らかに戦場における戦争犯罪である。これらの事件によって、ブッシュ大統領が推し進める「対テロ戦争」への支持率は大きく傾き始める。

また、二〇〇五年一二月のニューヨーク・タイムズは、「ブッシュ大統領が裁判所の令状なしで電話の盗聴を実施」していると一面で報じ、大問題となった。9・11テロ事件後、ブッシュ政権は国家安全保障局（NSA）に秘密の大統領令を出した。テロリストの犯行や行動を監視し、証拠を発見する目的で、アメリカ国内の電話を通信傍受し、電子メール、インターネット上の情報のやりとりを自由に監視する権限を与えたのである。アメリカには「外国情報活動監視法（FISA）」という法律があり、海外のテロリストやスパイの活動などを監視するために、裁判所の捜査令状があれば国家安全保障に関する捜査に限定して国内で通信傍受することが認められている。しかし、ブッシュ政権はその令状手続きさえも無視して、監視活動をフリーハンドで実施していたのである。

この報道以後、先にも考察した、テロ対策における安全・安心と自由・人権の対立の図式が明確に浮かび上がった。この問題はアメリカの世論を揺るがす大騒動に発展した。この問題は裁判所で争われることになり、連邦地方裁判所において違憲判決が出された。政府は、突然、二〇〇七年一月に令状なし通信傍受を一時止めるという政策変更を決定した。これも明らかにメディア側の勝利であった。この記事を書いたニューヨーク・タイムズのジェームス・ライゼン記者とエリック・リヒトブラウ記者は、二〇〇六年のピューリッツア賞を受賞している。この世界的に有名なピューリッツア賞を出しているのは、メディア王と呼ばれたジョセフ・ピューリッツアが設立したコロンビア大学のジャーナリズム・スクールである。

このように、戦争やテロリズムなど国家安全保障に関わる問題を報道したメディアの活躍によって、再び脚光を浴びることになった歴史的事例のひとつが、ペンタゴン・ペーパー事件である。これは、リチャード・ニクソン大統領政権において一九七一年に発生した大事件である。当時のロバート・マクナマラ国防長官のもと、国防総省がまとめた「アメリカのベトナム政策決定過程の歴史・一九四五―一九六七」という秘密文書のコピーが部外に持ち出され、その年の六月にニューヨーク・タイムズ、ワシントン・ポストにおいて連載形式で掲載されたのである。このいわゆるペンタゴン・ペーパーは明らかに国家安全保障に関わる機密文書であり、それが漏れ、アメリカを代表するメディアで報道されたことが問題となり、ニクソン大統領がその報道の差し止めを裁判所に求めたというのが、この事件の経緯である。

国家機密となる安全保障の情報と、報道の自由が争われた初めての連邦裁判であったが、ニューヨーク・タイムズ、ワシントン・ポストはともに勝訴するという結果となった。しかしながら、その反面、裁判が結審するまでの間、掲載一時中止とする緊急差し止め命令は実行された。七二年にはウォーターゲート事件が発生するなど、こうした歴史の中で、アメリカにおいては政府とメディアが、対立しながらも問題を克服して前進し続けるという緊張関係が保たれている。

このように、アメリカのメディアは法制度によって縛られるだけではなく、メディアの自由を最大限に活用することによって、政府とも戦い、勝利することもできるのである。このようなアメリカの政府とメディアの関係は、法制度における自由が確立された「対立・克服型モデル」と呼ぶことができる。

日本におけるテロリズムとメディアの現状

これまで、イギリスとアメリカの事例を見てきたように、政府とメディアの関係には、その国の歴史と文化が色濃く反映されている。果たして、現在の日本には、イギリスのように政府とメディアがテロリズムなどの安全保障に関して、協議し、議論しながら問題を解決するコミュニケーションのパイプが存在するだろうか。またアメリカのように、政府とメディアが全面的に対決し、メディアが司法闘争の中で堂々と戦うような緊張関係は存在するだろうか。残念ながら、現在の日本にはその両方とも存在しないといわざるを得ない。こうしたテロリズムや戦争などの問題に関して、政府もメディアもお互いが腫れ物に触るような態度で、見て見ぬ振りしてやり過ごしている現実がある。そして、その結果、このテロリズムの問題は戦後長い間、両者にとってタブーのまま残され続けてきたのである。それは日本にとって幸福なことなのだろうか。

テロリズムについてどのような報道がなされるべきか、日本マス・コミュニケーション学会などの学会や、日本新聞協会、日本民間放送連盟などのような機関において、テロリズムと報道の問題が研究、検討されてきたという事実は少なからずある。しかし、それらはまだまだ始まったばかりで、制度や文化として熟成され具現化されるまでには至っていない。

テレビ局や新聞社などそれぞれのメディアがもつ社内の報道ガイドラインや、放送ガイドラインで示された例は、日本ではごくわずかである。たとえば、NHKは二〇〇六年三月に『新放送ガイドライン』を策定した（二〇〇八年五月に『新放送ガイドライン20

08』として改訂)。その中の一〇章「国際・海外取材」には、「②テロ・戦争報道」という節があり、以下の五点が示されている。

- 戦争報道にあたっては、一方に偏らない公平・公正な姿勢を保ち、視聴者に正確で客観的な情報を提供する。
- 戦況をめぐる情報は、情報源によって大きく異なり、情報操作も頻繁に行われるため、情報の出所を明記して報道する。当局の監視や検閲の下で行われた取材は、その旨を明示する。また、後の情報に基づき、報道内容を検証する。
- 専門家にコメントを求める際は、人選が特定の立場に偏らないように配慮する。
- 戦場やテロ現場の映像については、慎重に判断して扱いを決める。遺体の映像は、人間の尊厳や遺族などの感情も尊重しきわめて慎重に扱う。捕虜の映像は、人権に十分配慮し必要最小限にとどめる。
- 従軍取材は、安全確保を大前提とし、取材の必要性や取材対象について慎重に検討したうえで判断する。

これをみると、BBCのガイドラインと比べても、テロリズムに関する報道のあり方については不十分であると言わざるを得ない。しかし、これは決してNHKだけの問題ではない。公開されている他のメディアにおけるこの種のガイドラインを収集して内容を分析したり、テレビ局や新聞社に対するヒアリングを実施したりしても、ほとんど同じ状態である。先のシュミッドの分類で言えば、このように日本には、「政府とメディアの調整機関」も存在せず、テロリズムという危機事態に対しては「メディアの自主規制」というシステムも有効に機能していないことがわかる。

これまで戦後の日本においては、国際的な戦争や紛争に国民やメディアが直接的な当事者として直面せずにいられる幸福な環境があったことは否めない。それは、アメリカとの日米同盟の傘の下に日本政府と日本国民が安穏としてきたからである。しかしそれでも、テロリズムの問題は避けられず、日本も戦後六〇年以上にわたって、テロリズムの脅威にさらされてきたことは、本書においてこれまで考察してきたとおりである。しかしながら、そのテロリズムの問題についてさえ、日本政府とメディアは場当たり的にやり過ごしてきた。政府とメディアの間でテロリズムの問題に関する議論を避け、この問題のルール作りと線引きを避けてきたのである。二一世紀に入り、日本政府が長い間のタブーを破り、国民保護法制という形でテロリズム対策の整備を進めてきたことは大きな評価に値する。その中でメディアは、国民保護計画の中の重要な役割を担うものとして、指定公共機関という立場を受け入れながら、テロリズムに対して政府とどのような関係を確立するのか、積極的に考察してきたとは決して言えない実態がある。新聞社やテレビ局の国民保護計画には簡単なお題目があるだけで、中身はないに等しい。これでは、実際に危機事態が発生したとき、国民の命を守るための責務を果たすことがメディアにできるのだろうか。そのようなメディアを、危機事態において一般市民は信用することができるのだろうか。

これから、日本が国際貢献をより幅広く果たす時代が来ることによって、国際紛争やテロ事件に当事者として直面する機会がさらに増えることが予測される。そしてその結果、国際紛争やテロ事件に関する日本政府やメディアの情報活動も増加するはずである。そうした状況を迎えたとき、これまでのような戦後日本における国家と国民、メディアの間にある緩やかで幸せな関係の継続が困難になることは明らかである。私たちは安全・安心と自由・人権の間でどのようなバランスをとるべきか。テロリズムという問題に直面して、安全・安心のためには、自由・人権はある程度犠牲になっても仕方がないのか、もしくは、テロリズムという事態においても、安全・安心より自由・人権の方が優先されるのか。政府とメディアが何の制度的基盤もないまま感情的に、そして場当たり的にテロリズムに対応するのではなく、合理的に理性的に国家安全保障の問題と向き合う上で、「表現の自由」や「報道の自由」などの自由や人権を守るためにも、これから政府とメディアの両者の協議によるルール作りが必要になるであろう。そのとき、イギリスのシステムやアメリカのシステムが、参考になるはずである。

日本はテロリズムをはじめとする危機管理の問題に対して、政府とメディアがどのような関係を模索すべきか、イギリス的アプローチを目指すか、アメリカ的アプローチを目指すか、もしくは第三のアプローチを創造することができるのか、模索すべき段階に入っていることは間違いない。国民の人権と自由、安全と安心のバランスをとりながらその両方を守るためには、もはやこの問題を放置し続けることは許されないのである。

日本への提言〜メディアはテロリズムに対してどうあるべきか？

では、私たち日本人はこのテロリズムとメディアの問題について、これからどのような態度でのぞむべきなのだろうか。

①メディア～テロリズム問題を含めた報道ガイドラインの整備

まず新聞やテレビ、通信社などのニュース報道に関わるメディアは、日本において大規模なテロ事件が発生した場合に、または海外で多くの日本人がテロ事件に巻き込まれた場合、メディアとしてどのような方針で報道するか、または政府との関係においてテロ事件の被害者や人質の人命に関わる報道をどう扱うか、これまでのメディアとしての成功や失敗から学び、すべての経験を踏まえた上で、「テロリズムの時代」における報道のあり方を再検討し、その方針を報道ガイドラインとして整備すべきである。

具体的には、テロ事件の現場における、テロリストへの取材について、被害者や人質への取材について、被害者や人質の家族に対する取材についてなど、検討すべき課題は数多い。これらの問題についてメディアの現場には記者個人が何代にもわたって積み上げてきた経験が蓄積されているが、明文化されておらず、ルール化、ルーティン化していないため、ときに場当たり的になり、そのために政府が発表する情報に依存したり、テロリストに利用されたりするだけの存在になることもある。

メディアとしてテロリズムにどう向き合うべきか、記者としてジャーナリストとして、テロリズムとどう向き合うべきか、報道ガイドラインを整備し、社内研修や社内教育を行うことで、国民の信頼に応えるべきであろう。その場合には、イギリスのＢＢＣのガイドラインなど、参考になるものはたくさんある。こうしたメディア内部による自主規制的なガイドラインを持つことで、テロリズムに関して政府に対抗する論理を手にすることもできるのである。

そして、国民保護計画におけるメディアの役割を社内で再度検討し、一般市民の生命や生活を守るためメディアに何ができるか、危機管理の体制を構築することである。東京で核テロが発生したら、市民の避難のためにメディアはどのような情報発信ができるか。その協力を政府と具体的にどう行うのか。関西で化学兵器テロが発生したら、九州で生物兵器テロが発生したら、メディアはどのような体制で情報発信し、どのように市民の生活を守るのか、未解決の課題は多い。政府と対決するポーズだけでなく、国民の危機においては国民を守るべき役割を果たさねばならないはずである。そのためには、メディアが政府と協力しなければならない瞬間はあり、国民はその判断を支持するはずである。日本新聞協会や、日本民間放送連盟など、企業を超えた協力体制も検討されるべきであり、日本マス・コミュニケーション学会、情報通信学会、日本災害情報学会などの主要な学会においても、メディアと研究者が協力して検討する必要がある。テロ事件などの危機事態において、政府から報道を規制されないようにするためにも、メディア内部での自主規制ルールやガイドラインの構築が必要なのである。

②政府〜テロリズムをめぐるメディアとの対話ルートの確立

政府もテロ問題に対して、新聞社やテレビ局などメディアとの対話を始めるべきである。これは、テロ事件が発生してからでは遅い。テロの危機が迫っていない平時においてこそ、理性的で健全な両者の関係が構築できるはずである。平時において何も準備しなければ、危機が発生したパニック状態で理性的で合理的な危機管理ができるわけはない。戦争を想定した有事よりも、平時において突然発生するテロリズムの方が生起確率は高く、このテロリズム対策の部分だけでも、政府はメディアと情報交換して、危機管理のパートナーシップを構築するコミュニケーション・ルートを確立すべきである。

これは決して不可能な話ではない。人質事件に関する報道協定がすでに存在するように、人命に関わるテロリズムの問題であれば、政府とメディア、メディア同士も時限的に協力できるはずなのである。政府は、決して有事においてメディアを統制したり、検閲したりするという、コントロールすべき対象としてメディアを見るのではなく、ともに危機において市民を守るためのタッグ・パートナーとして、メディアとの協力関係の構築を検討すべきである。政府にとっても、メディアにとっても、このテロリズムの問題が腫れ物に触るようなタブーとして存在していることは、国民にとっては決して幸福な状態ではない。

政府だけではなく、地方自治体にも同じことが言える。県や市町村など、テロ事件は地域の現場で発生する。そこで警察や消防、救急医療などのファースト・レスポンダーは活動する。この現場でも地域のメディアは自治体のパートナーであるはずである。メディアは決して特別で不可侵な存在ではない。一緒に協力してテロリズムの問題と立ち向かうべき、ファースト・レスポンダーであり、アクターである。

メディアが持つ取材力や、メディア報道が社会に与える力は絶大なものがある。そしてこのメディアとジャーナリズムの力は民主主義社会において必要不可欠であり、このメディアの力によって社会や国民が救われることがある。テロリズムの問題において、政府や自治体はメディアを決して邪魔者扱いするべきではない。むしろ、危機におけるパートナーとして有効な協力関係を構築するべきである。欧米における政府とメディアの関係は、対立や危機を乗り越えながら、こうした大人同士の成熟した関係を構築してきた。政府や自治体にもこのような意識改革が必要であろう。

③市民〜テロリズムへのメディアリテラシーの必要性

そして、テロリズムに対する決意は私たち一般市民にも必要となる。私たちはテロリズムにとって、ときに被害者であり、ときに傍観者であり、さらには視聴者、消費者となる。テロリズムは決して他人事ではなく、さらに国際化の進む日本人にとって避けがたいリスクとなる。テロ事件に巻き込まれる可能性を常に想定し、家族や自分を守るために個人レベルでも危機管理ができるような対策、自己教育が必要である。それは日本国内だけでなく、海外へ仕事で赴任するとき、海外旅行のときにもテロリズムに巻き込まれない準備が必要である（福田：二〇〇四を参照のこと）。

そして、本書で考察してきたように、テロリストがメディアを利用することを知った以上、私たちはこうしたテロリストの意図を考慮し、必要以上に報道に踊らされないことが肝心である。テロ事件に対して、テロ組織、テロリストに対して、その実態を理解するメディアリテラシーを持つことが求められる。さらに、メディアがテロリズムを視聴率の道具として利用することもある。このような場合にも、決してテロリズムを一人の視聴者として消費しない態度も重要である。イラク人質事件のときのように、メディア報道にあおられた国民世論が動揺することこそ、テロリストが目論んでいるテロリズムの目的なのである。テロリズムに対決するためには、成熟したメディアリテラシーを持つ、テロリズムに巻き込まれない、消費しない、屈しない、成熟した市民であることが重要である。

このテロリズムとメディアの問題は政府だけでなく、メディアだけでなく、国民一人一人も参加した形で、幅広く声を集め、客観的かつ冷静に議論が尽くされなければならない。そのためには、このテロリズムと危機管理の問題に決してタブーがあってはならない。さらに研究者も例外ではなく、テロリズムの問題も一分野として研究が進められるべきである。この書がその一助になることを望む。

終　章　根本療法が求められるテロ対策

世界のテロリズムの潮流は、イスラム原理主義を基盤としたアルカイダのようなテロ組織や、イスラム国のようなテロ・ネットワークではなくなりつつある。ましてやマルクス主義的な階級闘争を目指したかつての日本赤軍やコロンビア革命軍のような左翼ゲリラ組織でもない。むしろそうした過去の遺物になりつつあるイデオロギーや原理主義、過激思想の影響を受けた個人、ローン・オフェンダーが主流となった。

現代のテロリストは、極めて身近な地域、コミュニティ内で過激化するホームグロウンである。そして、地域や家族などの狭い空間で個人的な事情により孤立し、過激化するローン・オフェンダーである。その過激化の理由、原因は様々でありうるが、人種、職業、障害、教育などの格差によってもたらされた貧困や差別などによって、社会から挫折し、孤立化し、社会に対して怨念を蓄積しているケースが増えてきている。そうした社会から抑圧され、孤立化した個人を過激化させない、テロ事件を起こさせないための、社会福祉的なケアこそが、社会からテロリズムをなくすための根本療法であると考えられる。

ネットやSNSを監視し、メールや電話など通信傍受を強化してテロリストの予備軍を監視すること、銃やガソリン、火薬などの危険物の規制を強化すること、要人や重要施設の警護、警備を強化することなど、これらのテロ対策はあくまでも対症療法であり、これらをどんなに強化しても、過激化する個人を減らすことはできない。

テロリズムをこの世からなくすための根本療法は、社会から孤立し過激化する個人を、貧困や差別から救済し、社会の様々なコミュニティに包摂することである。社会的紐帯につながっている個人、家族や友人に囲まれた個人は過激化しにくい。また学校や職場に居場所がある個人は過激化しにくい。生活にゆとりがあり、生き甲斐を持っている個人は過激化しにくい。そして、個人に自由や人権が認められ、安定したアイデンティティを維持できる、人道主義に基づいた多様性（ダイバーシティ）を大事にする民主主義的な社会を実現することが、テロリズム対策の根本療法である。

こうした自由・人権や多様性を大事にする、人道主義的でリベラルなテロ対策、危機管理が現在の世界に求められている。

あとがき

本書の原稿を執筆していた二〇〇八年から二〇〇九年にかけて、筆者は所属する日本大学の長期海外派遣制度によって、コロンビア大学国際公共政策大学院（ＳＩＰＡ）の中にあるザルツマン戦争と平和研究所（ＳＩＷＰＳ）の客員研究員としてニューヨークに赴任していた。まさにこの書のテーマである、テロとメディアの問題、テロリズムの安全保障について、この研究所で研究する日々を送っていた。そしてここで、歴史的な金融危機と大統領選挙、そしてオバマ大統領の誕生を経験することができた。

私を快く研究員として受け入れてくれた研究所のロバート・ジャービス教授と所長のリチャード・ベッツ教授をはじめ、教授陣やスタッフには感謝している。教授たちとの交流、大学院ゼミや講義への参加、研究会などから多くの刺激を受けた。思想心情的にはとくに親米派でも反米派でもない筆者であるが、アメリカのテロ対策、安全保障政策、インテリジェンスに関する研究からは多くのことを学んだ。小さな出版的流行とはなっても、まだまだ日本の学問的状況では決して本格的に学ぶことが難しいタブーとして残っているテロ対策やインテリジェンス、戦略・戦術研究に関して、ここコロンビア大学での研究生活は目から鱗が落ちることの連続であった。あらためて二年間にわたって快く受け入れてくれたコロンビア大学関係者と、それを許可してくれた日本大学法学部の諸先生方にお礼を申し上げたい。

思えば、東京大学社会情報研究所（現・東京大学大学院情報学環・学際情報学府、旧東京大学新聞研究所）において大学院生、日本学術振興会特別研究員として過ごした二〇代に、筆者がメディアと危機管理の研究を志すきっかけとなったのは、九五年の阪神淡路大震災であり、同じく同年のオウム真理教地下鉄サリン事件であった。災害情報学の権威であった故・廣井脩教授の指導によるものである。ここで廣井教授から自然災害や大規模事故における災害情報の研究を学びながら、筆者自身の中でテロリズムや戦争などの有事を含めたメディアの問題にまで拡大し、幅広く研究する志が生まれた。

また同研究所所属の九〇年代以降、筆者はニュースの社会的効果の研究やインターネット研究などのメディア研究を通して、新聞社やテレビ局、出版社や広告代理店などメディアの現場のプロ、ジャーナリストの皆さんから研究の協力や貴重な指導を数多くいただいた。筆者のこれまでの研究は、ここでは具体名は差し控えるが、こうしたメディアやジャーナリストの皆さんの厚意に支えられていて、その恩を忘れたことは一度もない。この書はテロリズムの問題において、メディアやジャーナリストを批判するためのものではなく、むしろ問題意識を共有して、より健全で建設的な処方箋を提案することを目的としたものである。

そして、一九九八年に発足した警察政策学会と、その研究部会の一つであるテロリズムに関する研究部会（現「テロ・安保問題研究部会」）に発足当時からメンバーとして参加できたことは筆者にとって人生における得難い経験となった。東京大学の鶴木眞名誉教授をはじめ、防衛大学校の宮坂直史教授にはこの研究会だけでなく公私ともにご指導をいただいた。また、この部会メンバーの面々は日本のテロリズム研究の権威であり、これまで一〇年以上にわたって貴重な指導をいただいた。

これらの経験のすべて、そしてこれまでの研究が集約した結節点に、本書がある。筆者にとってこの書において示したことは、こうした公的機関の意見を代表するものでは決してなく、あくまでも筆者個人によるものであるが、その成果はこうした諸先生方から得られた知己、指導によるものであることは間違いない。

最後に、新潮社の編集担当者である森重良太氏には、企画の段階から貴重なアドバイスや数々の協力をいただいて心から感謝している。森重氏の配慮や指導がなければ、これまで筆者が書いてきた論文や研究書とは全く異なる文化であるこの新書を完成させることはできなかっただろう。「テロリズムとメディアという、これまであまり振り返られなかった固いテーマであっても、幅広く人々に読まれ、社会全体で考察されるべき」という信念から、このテーマを新書として世に出すことを決めた森重氏と私の決断は決して間違いではなかったと、今も強く信じている。

福田　充

二〇〇九年夏

新版のためのあとがき

本書『メディアとテロリズム』初版が刊行されたのは二〇〇九年八月のことで、当時私はコロンビア大学「ザルツマン戦争と平和研究所」の客員研究員としてニューヨークで研究生活をおくっていた。その研究所で私が学んでいたのが、まさに本書のテーマであるテロリズム、戦争などの政治的危機におけるインテリジェンスとリスクコミュニケーションの問題であった。恩師であるコロンビア大学のロバート・ジャービス教授は、国際政治学の権威であり、戦争やテロリズムにおける安全保障の観点によるインテリジェンス研究の第一人者でもあった。そのジャービス教授の指導のもと、客員研究員の二年間で著したのが本書『メディアとテロリズム』であり、『テロとインテリジェンス——覇権国家アメリカのジレンマ』(慶應義塾大学出版会)であった。

ジャービス教授は当時熱烈な民主党支持者であり、共和党ブッシュ政権とも常に戦っていた。そのジャービス教授は次のように語っていた。

「安全保障やテロ対策、インテリジェンスは民主主義にとっては極めて危険なものである。しかしながらそのテロ対策やインテリジェンスがなければ私たちの民主主義も守ることはできない。私たちの生命や財産だけでなく、自由や人権、民主主義を守るためのリベラルな安全保障、リベラルなインテリジェンスが必要なのだ」

その思想に共感して教授に師事した私は、アメリカでテロ対策のリベラル・アプローチ、危機管理のリベラル・アプローチを模索し、研究を続け、日本に帰国した。帰国後すぐ二〇一〇年から日本大学が設立を計画した「危機管理学部」の開設準備にかかわり、二〇一六年に開設することができた。この危機管理学部の理念こそ、自由や人権を重視した人道主義、民主主義にもとづく危機管理学のリベラル・アプローチである。

この危機管理学部において、自然災害、原発事故などの大規模事故、犯罪、テロリズム、ミサイル、戦争紛争、サイバー、感染症パンデミックなど、あらゆる危機に対処するためのオールハザード・アプローチを確立したが、それは私自身がこれまでの三〇年にわたる研究生活において追究してきた、新しい「危機管理学」の形である。

二〇二三年四月に、私はこの危機管理学部の学部長に就任し、同時に開設された大学院危機管理学研究科の研究科長となった。

そのような過程で発生したのが、安倍晋三元首相銃撃事件であり、岸田文雄首相襲撃事件であった。これらの事件で、日本における要人暗殺テロが見直され、さらにそれらを報道するメディアの姿勢が問われる事態となった。そんなときに、本書『メディアとテロリズム』の加筆再版を提案してくれたのが、編集者の後藤裕二氏であった。後藤氏から今回の提案を受けたときには、現代の新書で初版から時を経てこのような形で再版が世に出るということがあるとは思いもよらなかった。「このテーマはまったく古くなっていない、むしろ現代社会にこそ問われるべき問題ではないか」という後藤氏の言葉に背中を押されて、私自身も決断することができた。後藤氏の熱意に謝意を表したい。

そして同時に、二年前に亡くなられたジャービス教授に改めてお礼を伝えたい。リベラルな危機管理学、リベラルな安全保障研究は日本にもようやく根付きつつあると。

二〇二三年夏

福田　充

【参考文献】

青山繁晴（二〇〇四）『日本国民が決断する日——東京テロと血の世界再編のなかで』扶桑社

Baudrillard,J.（1981）Simuracres et simulation, Edions Galilée. J・ボードリヤール（一九八四）『シミュラークルとシミュレーション』竹原あき子訳、法政大学出版局

Baudrillard,J.（2002）Power Inferno, Galilée. J・ボードリヤール（二〇〇三）『パワー・インフェルノ——グローバル・パワーとテロリズム』塚原史訳、NTT出版

BBC(2005)Editorial Guidlines.

Beck, U.(1986) Riskogesellschaft Suhrkamp Verlag, Frankfurt. U・ベック（一九九八）『危険社会——新しい近代への道』東廉・伊藤美登里訳、法政大学出版局

Beck, U.（2002）Das Schweigen der Wörter : Über Terror and Krieg. Suhrkamp Verlag, Frankfurt. U・ベック（二〇〇三）『世界リスク社会論』島村賢一訳、平凡社

Bell, J. Bowyer(1972) Secret Army, Sphere; New Ed.

Bell, J. Bowyer (1978) Terrorist Scripts and Live-action Spectaculars, Columbia Journalism Review, vol.17, no.1, pp.47-50.

Bell, J. Bowyer(1978) A Time of Terror : How Democratic Societies Respond to Revolutionary Violence. Basic Books.

Bell, J. Bowyer(1975) Transnational Terror, AEI Press,US.

Betts, R. K.（2002）Fixing Intelligence, Foreign Affairs, January-February 2002, pp.43-59.

Betts, R. K. (2007) Enemies of Intelligence: Knowledge and Power in American National Security, Columbia University Press.
Boorstin, D.J. (1962) The Image ; or, What Happened to the American Dream, Atheneum. ダニエル・J・ブーアスティン(一九六四)『幻影の時代——マスコミが製造する事実』後藤和彦・星野郁美訳、東京創元社
Boyle, M. P., Schmierbach, M., Armstrong, C. L., Mcleod, D. M., Shah, D. V., and Pan, Z. (2004) Information seeking and emotional reactions to the September 11 terrorist attacks, Journalism and Mass Communication Quarterly, Vol.81, No.1, pp.155-167.
Cho, J., Boyle, M. P., Keum, H., Shevy, M. D., Mcleod, D. M., Shah, D. V. and Pan, Z. (2003) Media, terrorism, and emotionality: Emotional defferences in media content and public reactions to the September 11th terrorist attacks. Journal of Broadcasting & Electoronic Media, Vol.47, No.3, pp.309-327.
Chomsky, N. (2001) 9-11, Seven Stories Press, New York. ノーム・チョムスキー(二〇〇一)『9・11——アメリカに報復する資格はない!』山崎淳訳、文藝春秋
DA-Notices (http://www.dnotice.org.uk/)
Dayan, D. and Katz, Elihu (1992) Media Events ; The Live Broadcasting of History, Harvard University Press. ダニエル・ダヤーン&エリユ・カッツ(一九九六)『メディア・イベント——歴史をつくるメディア・セレモニー』浅見克彦訳、青弓社

福田充(一九九五)「サブリミナル効果再考——認知心理学的アプローチからみた効果の実態」『東京大学社会情報研究所紀要』50号、39—59頁
福田充(一九九九)「映像メディア効果研究の新展開——テレビ時代のメディアサイコロジー」『映像メディアの展開と社会心理』橋元良明編、北樹出版、67—87頁
福田充(二〇〇一a)「ニュースの情報提示形態と認知的効果」『変容するメディアとニュース報道』萩原滋編、丸善株式会社、145—167頁
福田充(二〇〇一b)「人間科学としてのマクルーハニズムとメディア論」『人間科学』常磐大学人間科学部紀要、第19巻2号、133—138頁
福田充(二〇〇四)「社会安全・危機管理に対する意識と社会教育・マスコミ報道に関する調査研究」『社会安全』財団法人社会安全研究財団、二〇〇四年四月号、52号、24—36頁
福田充(二〇〇五)「イギリスのDAノーティスと報道規制——戦争、テロ等の国家安全保障におけるマスコミ報道規制の問題」『Sophia Journalism Studies』1号、93—112頁
福田充(二〇〇六a)「テロリズムとマスコミ報道・メディア」テロ対策を考える会編『「テロ対策」入門——遍在する危機への対処法』亜紀書房、63—90頁
福田充(二〇〇六b)「グローバル・リスク社会を表象する国際ニュース報道」『メディア・コミュニケーション』慶應義塾大学メディア・コミュニケーション研究所紀要、56号、109—128頁
福田充(二〇〇七a)「テレポリティクスに関する一考察——テレビと政治をめぐる言説のメディア論的再検討」『Sophia Journalism Studies』2号、48—58頁

福田充(二〇〇七b)「イスラムはどう語られたか?——国際テロ報道におけるイスラム解説の談話分析」『メディア・コミュニケーション』慶應義塾大学メディア・コミュニケーション研究所紀要、57号、109—128頁

福田充(二〇〇八)「リスク社会における現代人の犯罪不安意識——テロリズムを中心とした犯罪へのリスク・コミュニケーション的アプローチ」『警察政策』警察政策学会、第10巻、209—228頁

福田充・是永論ほか(二〇〇五)『リスクメッセージを含む広告表現とその受容に関する実証研究』財団法人吉田秀雄記念事業財団・助成研究報告書

Hardt, M. & Negri, A. (2000) Empire, Harvard University Press. アントニオ・ネグリ/マイケル・ハート(二〇〇三)『帝国』水嶋一憲他訳、以文社

橋元良明・水野博介・石井健一・見城武秀・辻大介・福田充・森康俊(一九九五)「大学生におけるオウム報道の影響と宗教意識——関東圏七大学および学生信徒アンケート調査から」『東京大学社会情報研究所調査研究紀要』6号、1—84頁

Hoffman, B. (1998) Inside Terrorism, Victor Gollancz Inc., London. ブルース・ホフマン(一九九九)『テロリズム——正義という名の邪悪な殺戮』上野元美訳、原書房

Huntington, Samuel P. (1996) The Clash of Civilizations and The Remarking of World Order, Simon & Schuster. サミュエル・ハンチントン(一九九八)『文明の衝突』鈴木主税訳、集英社

Iyenger, S. (1987) Television news and citizens' explanations of natioal affairs, American Political Science Review. 81:3, pp.815-831.

Iyenger, S. & Kinder, D. R. (1987) News That Matters : Agenda-setting and priming in a television age. Chicago : University of Chicago Press.
Jenkins, B.M. (1975) International Terrorism : A New Mode of Conflict. David Carlton & Carlo Schaerf (eds.), International Terrorism and World Security. London Croom Helm.
Jervis, R. (2005) American Foreign Policy in a New Era, Routledge Taylor & Francis Group.
Jervis, R. (2007) Intelligence, Civil - Intelligence Relations, and Democracy, Bruneau, Thomas C. & Boraz, Steven C. (eds.) Reforming Intelligence: Obstacles to Democratic Control and Effectiveness, University of Texas Press, pp. v-xix.
Jonas G. (1984) Vengeance: The True Story of an Israeli Counter-Terrorist Team. Lester & Orpen Dennys/Collin. ジョージ・ジョナス(一九八六)『標的《ターゲット》は11人――モサド暗殺チームの記録』新庄哲夫訳、新潮社
McLuhan, M. and Carpenter, E. (ed) (1960) Explorations in Communication, Beacon Press. マーシャル・マクルーハン/エドマンド・カーペンター編著(一九八一)『マクルーハン理論――メディアの理解』大前正臣・後藤和彦訳、サイマル出版会
McLuhan, M. (1964) Understanding Media — The Extensions of Man, McGraw - Hill. マーシャル・マクルーハン(一九六七)『人間拡張の原理――メディアの理解』後藤和彦・高儀進訳、竹内書店
宮坂直史(二〇〇二)『国際テロリズム論』芦書房

宮坂直史（二〇〇四）『日本はテロを防げるか』ちくま新書
水野博介・橋元良明・石井健一・見城武秀・辻大介・福田充・森康俊（一九九五）「東京都民におけるオウム報道の影響」『埼玉大学紀要』第31巻、第2号、63―108頁
村上春樹（一九九七）『アンダーグラウンド』講談社
村上龍・坂本龍一（一九八九）『EV．Café――超進化論』講談社文庫
Nacos, B. L. (1994) Terrorism and the media: From the Iran hostage crisis to the World Trade Center bombing. New York: Columbia University Press.
Nacos, B. L. (2007) Mass-Mediated Terrorism: The Central Role of the Media in Terrorism and Counterterrorism, Rowman & Littlefield.
Nacos, B.L. (2008) Terrorism and Counterterrorism: Understanding Threats and Responses in the Post-9/11 World, Pearson Longman.
日本放送協会（二〇〇八）『新放送ガイドライン２００８』日本放送協会
小倉英敬（二〇〇〇）『封殺された対話――ペルー日本大使公邸占拠事件再考』平凡社
Paletz, D. L., & Schmid, A. P. (Eds.). (1992) Terrorism and the media. Newbury Park, Calif: Sage.
Said, E.W. (1981) Covering Islam: How the media and the experts determine how we see the rest of the world. Pantheon Books, a division of Random House, Inc., New York. エドワード・W・サイード（一九八六）『イスラム報道――ニュースはいかにつくられるか』浅井信雄・佐藤成文

共訳、みすず書房

Said, E. W. (2001) War and Propaganda: A Collection of Essays, エドワード・W・サイード（二〇〇二）『戦争とプロパガンダ』中野真紀子・早尾貴紀共訳、みすず書房

Sageman, M. (2008) Leaderless Jihad: Terror Networks in the Twenty-First Century, University of Pennsylvania Press.

Sageman, M. (2004) Understanding Terror Networks, University of Pennsylvania Press.

坂本龍一監修（二〇〇二）『非戦』幻冬舎

佐々淳行（一九九六）『連合赤軍「あさま山荘」事件』文藝春秋

Schmid, A.P. (1989) Terrorism and the media: The ethics of publicity. Terrorism and Political Violence. Vol.1, pp.539-565.

Schmid, A. P., & De Graaf, J. (1982) Violence as communication: Insurgent terrorism and the Western news media. London: Sage.

田原茂行（一九九六）『TBSの悲劇はなぜ起こったか』草思社

Tomlinson, J. (1991) Cultural Imperialism: A Critical Introduction, London: Pinter Publishers.

ジョン・トムリンソン（一九九三）『文化帝国主義』片岡信訳、青土社

東京海上日動リスクコンサルティング（株）（二〇〇八）「最近の国際テロ動向と今後の展開――二〇〇七年テロ動向分析を基にした今後のテロ動向予測」『海外安全レポート』二〇〇八年一月二一日付

鶴木眞（一九九八）「高度情報化時代のディレンマ――サイバーテロリズムの可能性をとおして見る社会的危機管理」『東京大学社会情報研究所紀要』56号、1―26頁
鶴木眞（二〇〇二）『情報政治学』三嶺書房
Virilio, P. (1984) Guerre et Cinéma I:Logistique de la perception, Cahiers du Cinéma/Editions de l'Etoile. ポール・ヴィリリオ（一九九九）『戦争と映画――知覚の兵站術』石井直志・千葉文夫訳、平凡社ライブラリー
Wilkinson, P. (1997) The media and the terrorism: the reassessment, Terrorism and Political Violence, Vol.9, No.2, pp.51-64. P・ウィルキンソン（一九九七）「メディアとテロリズム」田中俊恵訳『警察学論集』第50巻、第3号、13―34頁

【新版のための追加参考文献】

福田充（二〇二三）「テロリズムの正義とリベラリズムの自死」『Voice』二〇二三年七月号、PHP研究所、130―137頁
福田充（二〇二三）『政治と暴力――安倍晋三銃撃事件とテロリズム』PHP新書
福田充（二〇二二）『リスクコミュニケーション――多様化する危機を乗り越える』平凡社新書
福田充（二〇二二）「要人暗殺テロを防ぐ『根本療法』は何か」『Voice』二〇二二年九月号、PHP研究所、53―61頁
福田充（二〇二〇）「危機管理学におけるオールハザード・アプローチの理念」『危機管理学研究』日本大学危機管理学部危機管理学研究所、第4号、4―17頁
福田充（二〇一九）「北朝鮮ミサイル問題とリスク・コミュニケーション」『治安フォーラム』25巻、立花書房、9号、65―70頁
福田充（二〇一七）「X国のテロから首相を守るには――いまこそ要人暗殺テロへの備えと予防策を強化すべき」『Voice』二〇一七年五月号、PHP研究所、100―107頁
福田充（二〇一七）「テロリズムの変容と現代的テロの傾向――メディアとリスク・コミュニケーションの観点から」『インテリジェンス・レポート』109号、4―16頁
福田充（二〇一七）「オールハザードに対応する『危機管理学』」『総合危機管理』総合危機管理学会、№1、29―44頁
福田充（二〇一七）「危機の時代における『危機管理学』の確立――日本大学危機管理学部危機管

理学研究所の設置に際して」『危機管理学研究』日本大学危機管理学部危機管理学研究所、Vol.1、4―17頁
福田充（二〇一六）「安全保障法制をめぐる日本人の戦争観と安全保障意識」『日本法学』82巻3号、129―149頁
福田充（二〇一六）「メディアの進化と『危機管理』化する社会」『マス・コミュニケーション研究』89号、45―60頁
福田充（二〇一五）「テロリズムとメディア報道～英米におけるテロ報道に関する制度の考察」『海外調査情報』日本民間放送連盟研究所、Vol.11、9―15頁
福田充（二〇一四）「ソーシャル・メディアの政治コミュニケーションと社会変動」『治安フォーラム』立花書房、第20巻、11号、28―36頁
福田充（二〇〇九）『メディアとテロリズム』新潮新書

福田 充 1969（昭和44）年、兵庫県生まれ。日本大学危機管理学部教授、同大学院危機管理学研究科教授。東京大学大学院・博士課程単位取得退学。博士（政治学）。コロンビア大学客員研究員、内閣官房等でのテロ対策や危機管理に関する委員を歴任。

Ⓢ新潮新書

1013

新版《しんぱん》
メディアとテロリズム

著 者 福田《ふくだ》 充《みつる》

2023年9月20日 発行

発行者 佐 藤 隆 信

発行所 株式会社 新潮社

〒162-8711 東京都新宿区矢来町71番地
編集部(03)3266-5430 読者係(03)3266-5111
https://www.shinchosha.co.jp

装幀 新潮社装幀室

印刷所 大日本印刷株式会社

製本所 加藤製本株式会社

ISBN978-4-10-611013-9 C0220

価格はカバーに表示してあります。

新潮新書

713 **人間の経済** 宇沢弘文

富を求めるのは、道を聞くためである――それが、経済学者として終生変わらない姿勢だった。経済思想の巨人が、自らの軌跡とともに語った、未来へのラスト・メッセージ。

731 **戦争と平和** 百田尚樹

日本は絶対に戦争をしてはいけない。日本人ほど戦争に向いていない民族はいないのだから――。大ベストセラー『永遠の0』著者が今こそ放つ、圧倒的説得力をもつ反戦論！

752 **イスラム教の論理** 飯山陽

コーランの教えに従えば、日本人は殺すべき敵であり、「イスラム国」は正しいイスラム教徒である――。気鋭のイスラム思想研究者が、西側の倫理とはかけ離れたその本質を描き出す。

764 **知の体力** 永田和宏

「群れるな、孤独になる時間を持て」「出来あいの言葉で満足するな」――。細胞生物学者にして日本を代表する歌人でもある著者がやさしく語る、本物の「知」の鍛錬法。

820 **ケーキの切れない非行少年たち** 宮口幸治

認知力が弱く、「ケーキを等分に切る」ことすら出来ない――。人口の十数％いるとされる「境界知能」の人々に焦点を当て、彼らを学校・社会生活に導く超実践的なメソッドを公開する。